날마다 허물고 짓는 집

장종국 시집

날마다 허물고 짓는 집

북 나비

날마다 허물고 짓는 집

모래강변에서 왼손바닥 엎어놓고 오른손으로 촉촉한 모래를 토닥토닥 끼어 얹으며 부르던 두꺼비집노래 아슴푸레 떠오른다. "두껍아… 두껍아… 헌집 줄게… 새집 다오…." 새집 짓고 나면 여울물이 두꺼비 혓바닥처럼 넙죽 먹어치우던 집처럼, 날마다 나는 두꺼비집을 짓고, 허물기를 반복하며 살고 있다.

원고지를 짚은 손등 위로 쌓이는 언어의 분진은 날마다 허물어지고 날마다 축조된다. 짓자마자 헌 집 낡은 시어를 담아보고 싶다. 얼마나 후회될까 걱정스럽다. 두꺼비의 널름거리는 혓바닥으로 쓸어버릴지라도 아픔의 상처 남기고 위로받고 싶음은 무슨 심산지 모르겠다.

임진강변에 두꺼비집 짓고 산 지 어언지간 삼십 년 되었다. 지금은 전설처럼 이야기로 남아 있는 나룻배 없는 임진나루터 좌망실에서 시어를 조탁하며 야옹으로 촌음을 불살라 살고 있다. 나루터 정경은 아름답다. 동편으로 율곡 이이 선생의 화석정이 적벽에 업혀 고즈넉하게 정좌하고 있다. 강 너머 두꺼비집 닮은 초평도 엎디어 꿈만 꾸고 있고, 눈길 북방으로 살짝 기울이면 송악산자락에 황진이 춤사위자락 구름되어 오락가락하는 풍경 석양에 아름답다.

강가에 살면 강이 되나보다. 강물흐름이 바로 두꺼비집을 짓고 허무는 행위가 아닐까 싶다.

변함없이 연민의 정으로 지켜보아 주는 가족의 사랑과, 아름다운 시선으로 삶의 숲을 가꾸며 동병상련의 길을 걷는 소중한 사람들게 다섯 번째 시집을 바친다.

己丑 春三月 坐忘室 詩翁垢甲

시나루 장종국

1부 웃는 것 모두 웃음일까

2부 궤적軌跡

3부 사랑은 몇 살

4부 거기 황진이

5부 시인은 우주인

6부 나비의 춤은 눈물

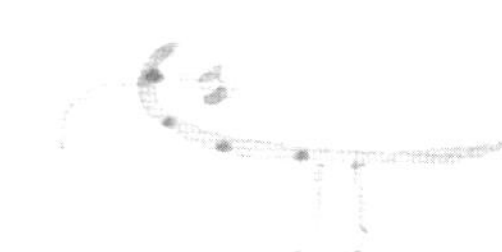

| 찢는 것은 | 가슴을 찢는 말 | 찢긴 상처는 아무는가 | 시각과 욕각의 집 | 별똥별의 귀거래사 | 웃는 것 모두 웃음일까 | 동전 한 닢 주이소
가 된 나무 | 삐딱한 것이 어디 한 둘이랴 | 고장 나 녹슨 가로등이 서 있는 이유 | 아줌마의 반란 | 먹자골목에서 만난 간고등어
그렇게 변심한 그녀 | 길 잃은 달 철탑에 걸터앉아 | 모든 별이 | 생명, 비밀의 열매 | 눈 마주치면 같이 떠난다

1부

웃는 것 모두 웃음일까

시인이 찢는 것은

시인의 연필 속심이 어둠속 흐르면서 원고지 더듬는다
길을 잘못 든 시어가 원고지 찢을 때
찢기는 비명에 어둠의 고통이 전등 삿갓 뒤로 숨는다
혀가 매혹의 입술 더듬는다
뜨거운 입속에 커피향이 목구멍을 찢는다
공복의 작은창자 큰창자 항문을 찢어 외로움을 찢는다
찢긴 통로에 홀씨로 떠돌던 사랑의 시어가
맨드라미 홀씨로 우르르 숨는다
찢긴 시인의 가슴은 아물지 못하고
찢겨 쫓겨난 시어가 길을 잊은 밤
에로틱한 입맞춤으로 찢긴 틈 사이로 바람이 숨어들어
시인은 숨쉰다
똑때기 적막 찢는 소리에 어둠이 숨어
어둠을 찢은 햇살이 유리창을 찢고 슬며시 어깨에 앉는다
시는 찢기면서 마침표 찍는다

가슴을 찢는 말

두더지기차 앞자리 옷섶 포개고 한시방향 고개 떨군 그녀는
찢을 대로 찢어 올라 갈 곳 없는 치마 입었는데
너덜너덜 청바지도 찢은 범인을 공개수배 하자면
섹시한 걸 좋아하는 남자를 위한 그녀의 선택일까
그 중 하나 지명하자면 날선 가위 감추고 있는
허여멀건 허벅지가 찢고
앞자리에서 훔쳐보는 눈꽁댕이가 찢고
허엇숭한지고 혀 차는 경로석 모두가 공범이라

사랑이란 말 가슴을 찢고
사랑이란 말 마음을 찢고

가슴을 찢은 말 상처 남기고
마음을 찢은 말 아픔 남기네

찢긴 상처는 아무는가

땅이 찢기며 산이 찢긴다
아픔을 참는 상처에 검은 붕대 감겨진다
붕대위로 바람을 찢으며 달리는 자동차
우는 소리 들린다

강을 찢으며 흐르는 물
몰래 물에 섞여 강어귀에 머문 봄
마른 풀 가지에 숨었는데 머리카락 보인다
버들개지 겨울 찢고 손끝 내민다

찢기는 소리에 놀란 기러기
북녘 하늘 찢으며 유랑의 길 찾아 나선다
구름이 찢기며 기러기 꼬리 흔적 없을 때
화석정 앞 찢어진 자동차 길은 재생 불능

찢긴 강물은 치유 가능 꽃 피고
찢긴 하늘로 사라진 기러기 꿈을 펼치고
찢긴 땅과 산은 치유 불능

사각과 육각의 집

꽃의 창문엔 빗장이 없고 마음속엔 비밀을 키우지 않아
문 밖에서 춤과 노래 부르면 곡간마저 활짝 열어 제쳐
입술 내밀어 심궁마저 허락 하네
꽃밥에서 훔친 꿀을 아낌없이 여왕께 현공하는 일벌의 환歡
일벌은 춤추며 육각정을 꾸미고 밤마다 별을 점명함이여
육각의 방은 밀랍원단으로 재단한 맞춤복처럼 몸에 꼭 맞네

"하니"
벌집에서 훔친 단어로 여왕마마 부르는 일꾼의 소침
사람의 네모철문엔 무서운 비밀번호가 버티고 있고
일꾼은 주머니를 흔들며 사각정을 꾸며 전등을 점멸 하네
육각의 여왕 궁은 꿀이 넘쳐흘러 풍만함이여
"하니"를 훔쳐 부른 사각의 여왕 방에서 이는 바람은 한寒
사각의 방은 고대광실 벽돌집 크기만 하네

별똥별의 귀거래사

응달 똥강아지집 지붕의 잔설
녹다 말고 멈춘 고드름
아침 햇살에 눈물이 글썽글썽
촉촉이 젖은 눈동자엔
간밤 달빛에 홀려 하강한 별똥별
고드름 속 불귀객 되어 있다
똥강아지 짖는 소리에 놀라
앞마당으로 떨어지며 부르는 귀거래사
너무 맑아 슬퍼 보이는 눈동자엔
별을 닮은 올챙이가 꼬물꼬물 매달렸다
아침햇살 똥강아지집 비추면
개구리 되고픈 올챙이가 폴짝폴짝 뛴다
목마른 똥강아지 개구리 발자국 핥으며
별똥별 흘러 지워진 하늘 보고 짖어댄다

웃는 것 모두 웃음일까

꼼짝하지마,
저격병이 정조준하고 있는 검정카메라 앞에서
웃음을 강요당한다
저격병은 김치, 김치를 연호하며
하나 둘 셋에 죽기 싫으면 웃으란다
굳어있는 입을 귀 밑까지 끌어당겨본다
어색하게 웃는 모습으로 인화된 사진
웃긴다

숭례문에서 남대문저잣거리 첫 오른쪽 골목가판에
양 콧구멍에 만 원짜리 하나씩 말아 꽂은
고사돼지머리가 콧김을 뿜으며 웃고 있다
웃는 돼지, 자기 몸뚱이가 잘린 줄 알고 있을까
가난한 사람들의 작은 꿈, 돼지머리의 웃음으로
위로 받으려 한다
웃긴다

명동거리 인간파도는 진열장 속 각인된 유리웃음을
흉내 내며 썰물처럼 웃고 있다
팔등신의 유리공주, 심장이 없는 줄 알고 웃을까
웃긴다

동전 한 닢 주이소

무에 그리 바쁜가 등 돌린 사람아
서울역 지하도 에스컬레이터에 등만 두둥실 떠돌고
무에 그리 바쁜가 지하열차 타는데 등 떠미는 사람아
어디서 봄직한 燈 불 꺼진 등 뒤에서
귓불에 스치는 한풍 동전 한 닢 주이소
서울역 지하도엔 불 꺼진 燈만 보이네

1월의 등 뒤에 2월이 바쁘게 따라오더니
11월의 등 뒤에 12월의 낯선 등이 시리네

어이! 거기 등보이고 기세 등등 걷는 아가씨
하이힐 쇳소리 똑똑 동전 한 닢 주이소
답하는 아가씨, 동전 한 닢 주면 무엇에 쓰게
세 밑 불 꺼진 燈에 불 밝히게요
뒤돌아 보세요, 동그란 얼굴이 웃고 있잖아요

등 돌려 웃는 얼굴이 12월의 시린 등에 업혀
가슴과 등이 따듯하게 덥혀지네요

십자가 된 나무

세밑 소공동만 그러그러하다는 게 아니라
번화가 가로수마다 예수가 나타나 십자가를 멘다
3도 불에 덴 상처의 아픈 신음소리를 듣지 못하고
뒤엉킨 인파 속에 사랑의 끝 동그라미 미아 되면
소설 속의 '즐거운 사라' 된다
그 사라의 두꺼운 빨간 입술이 떠들며 반짝인다
성탄절보다 일찍 지상으로 내려온 별이
형형색색 불이 되어 가로수를 삶는다
노점상 할머니의 귀뿌리는 얼어서 빨갛게 빛난다
열기 없는 불꽃에 가로수는 몽환 속을 허우적거린다
그래도 봄이면 3도 화상의 상처 붙들고 초록잎을 붙이겠지
나무는 예수의 십자가가 되고
보낸 시간의 아쉬움을 털어내고 다가오는
보람 있는 새해를 맞아야 하는 희망을 주기위해
기꺼이 불면증에 걸린 가로수는 십자가 되어 준다

소공동만 그러하다는 게 아니라
가로수에 달라붙은 진드기 같은 형형색색 빛들이
하늘의 별들마저 쫓아버린 사라의 옆구리에 낀 손이 시리다

삐딱한 것이 어디 한 둘이랴

산이 삐딱한 탓에 샘물이 강 되었지
강이 삐딱한 탓에 강이 바다 되었지
지구도 삐딱하게 돌고 있는 걸
당신이나 나도
삐딱하게 쳐다보고 싸우고 있지
요즘 세상 돌아가는 꼴 보노라면
네가 더 삐딱해
내가 더 삐딱해
하늘 우러러 본들 펴질 허리 아닌데
삼천 리 절반 일천오백 리에 철심을 심고
삐딱한 반도에
삐딱한 탓만 난무하고 있지
허리 꺾어 뒤로 본 얼굴 내 얼굴
내가 나를 보아도
내가 너를 보아도

우리는 너무나 삐딱해 있구나
적벽에 삐딱하게 걸려있는 소나무 아래로
무심코 흐르는 강물에 삐딱한 얼굴들
웃음과 울음이 뒤엉켜
너무나 먼 길을 돌아서 흐르려 한다

고장 나 녹슨 가로등이 서 있는 이유

창 열면 이마처럼 마주치는 앞집 이층은
늘 불만의 대상인데 이유 물어 온다면
앞산을 조망하는 자유, 빼앗아간 분노의 벽
그 뿐이랴, 불빛 밝히길 거부한
기억의 망각 속에 방치된 녹슨 가로등
봄빈지 꽃샘 눈인지 내리는 아침 몸 안에서
으슬으슬 기어 나오는 차가움을 홀로 품고 발산하는
가로등에서 깃털이 팔락거리며 새 한 마리 떨며
나사못 빠진 배선구멍에서 푸드덕 날아 나온다
발걸음 들고 호흡 멈추고 도둑고양이처럼
다가선 가로등 속에서 가냘픈 울음소리 들린다
두렵고 겁이 난다 무슨 사연 있기에 음침한 창안에서
울고 있는 저 소리의 정체는, 등 뒤에서 우짖는
어미 새의 긴급을 요하는 두려움과 경계심
갑자기 무거운 머리가 가벼워지며 기쁨에 감전된다

이름 모를 들새의 알이 부화되어 막 깨어난 소리
괴물처럼 삐딱하게 서 있는 가로등이 밝아지며
초록의 나무로 보이며 따듯한 체온이 감염된다
환희는 웅장하고 화려함 속에 존재함이 아니라고
내용에 있다는 깨우침을, 녹슨 가로등이 알려 준
아침이다
철거민의 목숨 건 절규는 행복의 새알을 깨뜨린
망치소리가 아닐른지

아줌마의 반란

수술실 들어가기 전의 엄숙함으로
굵은 손마디를 넘지 못하는 붉은 장갑을
연신 끌어 올리며 내뱉는 소리
너, 오늘 죽었어, 로 들린다
회심의 미소를 어금니로 물고
넓적한 오지항아리 아가리에
비장의 무딘 칼날이 쓱싹쓱싹 햇빛을 받아낸다
포동포동한 육체가 붉은 손아귀에 잡히더니
허여멀건 속살이 들어나면서 육체는 이등분된다
날렵한 집도의 빠른 손놀림으로 드러난 내장에
소금으로 소독된 붉게 물든 물질로 수혈된다
오늘 수술이 잘 되었나, 한 입 물어 씹더니
고개를 끄덕끄덕하는 품새가 괜찮은 수술인가보다
수술실 바닥은 온통 붉은 냄새로 홍건하다
수술 끝난 반 토막의 마취 된 몸들은 오지항아리에

차곡차곡 누여지면서 뚜껑을 덮는다
아줌마의 빨간 고무장갑이 속살보이며 벗겨지고
나 이제 살았다, 방긋 웃는 입가에 붉은 저녁이 빛난다

먹자골목에서 만난 간고등어

두 눈 달무리로 뜬 채
내장을 송두리째 털리고
배 갈라 왕소금 한움큼 뿌려진 간고등어
가슴패기에 머리채 잡혀 백년해로 짝 지워
간디스 강변 다비식 치루는
을지로6가평화시장먹자골목간고등어백반집
석쇠 사이에 주리 튼 안동 간고등어 한손
배고픈 식객 뱃속으로 쩝쩝 씹히면서
감기지 않는 두 눈 달무리 되어
중생계 인연설 읊으며
청계천의 밤 물소리로 따라 구르네

그렇게 변심한 그녀

햇살 맑은 날
무릎 꿇고 두 손 싹싹 빌면서
손안에서 솜사탕 되고싶다 했지
내 몸 녹여 하얀 거품일어 꿈으로 치장하고 싶다했지
나는 그녀의 손에 이끌려 몸 구석까지 밀월여행 했었지
몸이 바스러지도록 우려내 쇠잔한 몸 부스러기
수돗가에 마른버짐처럼 버려졌지
나는 비몽사몽 한낮의 뙤약볕에서 여행일기를 더듬고 있지
바스러진 몸 추스를 틈 없이 낡은 스타킹 속에 쑤셔 박혀
우악스럽게 두 손에 잡힌 채 검정고무신을 거꾸로 문지르고
있지
그녀의 가슴에 먹구름 흐른다는 것
내 잘못 아니잖아
그녀는 그렇게 변심했지

길 잃은 달 철탑에 걸터앉아

만월의 배부장여인
해산날 지상으로 내려왔는데
하늘에서 별처럼 보이던
불 켜진 방, 방, 방
네모, 네모, 네모, 네모
어디가 어딘지 어리벙벙
아파트에서 길 잃었네

만월의 배부장여인
아파트에서 아파트 찾다
유산된 아이 찾느라
기웃거린 창, 창, 창
너를 깔고 자고
내가 깔려 자고
화장실 큰창자 비우는 소리

와스르와스르꼴깍꼴각
밤새워 지친 달 철탑에 걸터앉아
하현달 되어 月 月 日 日

모든 별이

—윤동주 시인 추모시

당신은
이름 없는 떠돌이별들에 이름표 달아주고
이름 잊은 별빛 심어 들꽃 피웠나이다

당신은
만년빙보다 차거운 후꾸오까 감방의
바닥을 녹여 별을 심었나이다

당신은
가슴속 담겨진 별을 토吐하여
시를 쓰셨나이다

오늘 부끄러운 시인들은
이름표 달고 있는 별 구워 먹고
만녕빙 녹은 욕조에서

거드름 피워대며
시를 쓰고 있나이다

모든 별이
당신의 이름입니다

생명, 비밀의 열매

사람마다 생명은 탄생하면서 정해진 숫자
비밀의 나무열매를 따먹으며 산다
그 열매의 숫자는 아무에게 보이지 않고
나무만 알고 있다
365일 날마다 나타나는 열매 한 개씩 따먹는데
마지막 열매는 표시가 없고 몇 개 남았는지 모른다
사람들은 나뭇가지에 버둥거리며 매달린 채
수단과 방법 가리지 않고
커다란 열매 하나 더 매달고 싶어 안달이다
사람마다 열매숫자는 나무만 안다
나도
내가 따먹어야 되는 열매의 숫자를 알 수 없다
몇 개 남았지…

눈 마주치면 같이 떠난다

눈 마주친 구름, 봄비로 보스락보스락
봄비와 눈 마주친 얼음, 냇물로 졸졸
냇물과 눈 마주친 강, 철새 데리고 훨훨
봄비와 눈 마주친 나무, 꽃으로 활짝
눈 마주친 바람, 향내 폴폴
눈 맞춘 꽃과 나비, 정분 들어 할랑할랑
눈 마주친 사랑, 꽃가마 타고 더덩실
눈 마주친 눈, 눈물 그렁그렁
눈 마주친 꿈, 하늘에 두둥실
동산에서 만난 새, 노래 소리 재잘재잘
이 봄에 필 꽃, 누구와 떠날까 갸웃갸웃
눈 마주친 길, 외로운 시인 더벅더벅

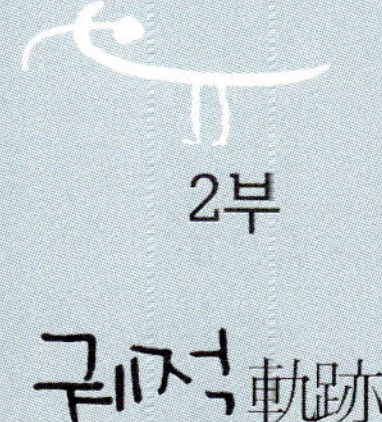

2부

궤적軌跡

길에서 편지를 줍다

걸어가는 꽃길
아름다운 줄 알았더니
고개턱 가시구름 앞을 가리고

걸어가는 길
향기로운 줄 알았더니
돌뿌리에 찢어진 아픔 눈물 흘리네

걸어가는 길
외롭고 먼 줄 알았더니
산그늘 아픔 덮어 주고
모래벌판에서 흘린 땀
바람이 씻은 듯 말려주네

건너지 못한 강

강물이 손잡아 떠나고
길이 멀다 생각하니 보이지 않고
길에서 주운 편지
길은 먼 곳 아니라 한걸음 앞에 있다고
쓰여 있고
사랑하는 너를 만날 수 있다고…

시계와 달력

애당초 시계와 달력이 없었으면
한 살로 태어나서 한 살에 죽는 것
해와 달도 이따금 놀다 산을 넘겠지
한 살로 산다는 것도 참 심심할 거야
오래 살고 싶어 한 달을 일 년으로 치자면
난 지금 몇 살인지 손가락으로 꼽히지 않고 있네
너무 많이 산다는 것도 참 지루할 거야
마지막 달력 한 장이 신발 끈 묶고 엎드려 있고
해와 달도 시계와 달력 쫓아 숨가쁘게 뛰고 있는

유리병 속 이슬

이슬과 비쩍 마른 눈물을 유리병 속에 가두었다
무거운 밤
적막으로 쌓아 올린 가슴의 벽돌을 철거하는
이슬의 힘
벽돌에 기대 선 바람이 일시에 가슴을 뚫는다
비어 있던 위장에 이슬 한 잔 쏟으면
녹슨 풍차의 굴대가 돌며 등불을 밝힌다
이슬 한 방울에 희끗한 옛사랑을 떠올리고
이슬 한 방울에 음치가 완치되어 회심곡 부르고
이슬 한 방울 눈에 들어가면 별을 좇아 들판을 헤맨다
이슬 한 방울은 종합병원이다
내 모든 고통을 벽돌이 철거된 틈새로 바람되어 떠나고
이슬 한 방울과 눈이 마주치면
눈물이 이슬되고 이슬은 표면장력을 잃고 눈물된다

신호등의 착각

능금을 닮은 빨강신호는
신호등이 능금나문 줄 알고
귤을 닮은 노랑신호는
신호등이 귤나문 줄 알고
청포도를 닮은 파란신호는
신호등이 청포도나문 줄 안다
빨강능금이 떨어지면
노랑귤이 열리고
노랑귤이 떨어지면
청포도가 열리고
청포도가 떨어지면
빨강능금이 열린다
신호등나무 아래는 낙과가 없다
빨강열매, 노랑열매, 파랑열매는
자동차가 따먹고 줄행랑친다

십자로 신호등나무의 빨강열매는
아담과 이브의 능금나문 줄
알고 있는 착각의 신호등이
빨갛게 충혈된 눈과
만성피로에 지친 노란 얼굴들
그래도 희망의 파란신호를 따라
종로2가 사거리 탑골공원에
신호등나무의 낙엽들로 젖어 있다
착각…

멍

보길도 몽돌해변의 파도소리는 울음소리였으니
흑진주 같은 몽돌은 파도에 부딪쳐 속까지 검어진
피맺힌 멍 자국이었네
돌 속에 피가 흐르고 못 이룬 사랑이 뛰어든 바다
바다를 깨트리는 소리가 파도소리였었네
바다빛 푸른 게 몽돌이 토해 낸 핏빛 때문이라면
바다에 뛰어든 돌은 한 번도 사랑을 해보지 못한 돌
어제 생긴 멍든 돌이 오늘에 앓고 있음이 무슨 연유인가
달빛에 더욱 반짝이는 몽돌해변을 팔짱 끼고 걷는 연인
해조음 높아지고 몽돌 몸 부비는 아우성소리에
팔짱낀 연인은 아슴푸레하게 수평선에 누워버렸네

포장도로

얼굴 가린 길 끝없이 뻗어 있고
얼굴 감춘 길 한없이 줄 서 있다
황토색 얼굴 부끄럽다고
검은 색 얼굴로 뒤집어쓰고
저지른 죄 하도 많아 덮어씌웠나
부끄러운 짓 숨기려 덮어씌웠나
비오면 찔꺽거리며 붙잡는 발걸음
흙먼지 무서워 검정가면 씌웠나
부끄럽게 지은 죄 털털 털면 되는 일
무슨 죄 무서워 먼지마저 숨기려나
검은 길에서 흘리는 눈물 어둠에 감추고
고단한 삶 쉴 곳 없고 외로운 자 벗이 없다
덮고 가린 비정한 포장도로 어디가 끝인가
우걱지걱 걷는 누렁소 워낭소리 그립다

고쳐 쓴 시의 원고지처럼

남루한 옷을 걸친 가을이 간밤에 떠났고
지팡이 짚은 겨울 나그네가 여울목에 앉은 아침
임진나루는 서리 내린 들판처럼 조용하고
거울처럼 맑은 강은 흐름을 멈추고 호수가 되었다

뒤척이던 적벽이
그들과 동거하던 등 굽은 소나무, 옷 벗은 떡갈나무
나무들, 등걸에 앉았던 나를 데리고
멈춘 강에 몸을 던진다

놀란 강, 창백한 얼굴, 빗살무늬로 운다

가깝고도 먼 이웃이 되어버린 화석정
고수의 칼잡이가 강과 인연을 베어버리고
칼 스친 자리에 자동차가 투명한 장막을 친다

고단한 삶의 편린을 유서로, 낙엽에 쓰고 있는데
청둥오리 한 무리가 강에 몸을 던진다
기절했던 강이 놀라 빗살무늬 그리고
나의 유서는 고쳐 쓴 시의 구겨진 원고지처럼
강물에 던져진다

라만차풍차와 똑딱이

좌망실坐忘室
눈높이 꽃무늬 벽지로 도배된 벽에 태엽 풀고 엉성하게
걸려 있는…
돈키호테 풍차 닮은 오래된 태엽시계가 긴 창끝을 바람에
꽂아놓고 잠들어 있네
둘시네아 품에서 길고 짧은 창을 거머쥔 기사는
꿈꾸며 잠꼬대 하고 있네
산초는 고장난 똑딱이라 우기지만
돈키호테는 일분일초 쉬지 않고 돌아가는 바람바퀴가
고장난 것이라 외치는…
라만차에 찾아드는 마지막 밤
태엽감고 먼지 뒤집어쓰고 말 타고 달려온 자
태엽 풀고 느즈러지게 잠자다 걸어온 자
모두를 환호하리
좌망실은 시인의 풍차가 쉬고 있는 방이라네

산개구리 가갸 거 겨

장맛비 그친 여름
개울되어 흐르지 못한 작은 소沼
애저녁이 수런수런
산개구리 훈장 모시고 훈민정음 외우느라
가갸 거 겨 나냐 너 녀
엿듣던 초승달 소에 떨어지는 소리 터드렁
숨어 있었거나 기다렸거나
아갈머리 큰놈이 초승달 삼키다 목에 걸려
밤새껏 목청 흔드는 딸꾹질
어슴새벽 초승달 토하는 소리
황소개구리 알파벳 까먹는 울음소리였다

개울 되지 못한 작은 소
아갈머리 큰놈이 삼켜버린
산개구리 가갸 거 겨

아침에 마시는 블랙커피

무성영화 흑백필름 속에
내가 찍혀 있다
대사 없는 표정연기
웃다 찌푸려본다
겹치는 영상 속에
알 수 없는 얼굴 오버랩된다
공복에 마시는 블랙커피
무성영화 영사기처럼
흔들리는 스크린 속
입만 벙긋대는 대사는
몸짓이 우스꽝스럽다
아침에 마시는 블랙커피
눈을 감고 마시면
오버랩된 얼굴에서
향이 풍긴다

아침에 마시는 블랙커피
아프리카 여인과 마신다

고양이수염의 고독

고독은 26가닥 고양이 수염에 매달린 파란깃발이다
깃발이 어둠 가다듬으며 고독의 빈 항아리를 채운다
항아리의 메아리는 고요한 독毒이다
고요한 독 속 고양이 발톱이 날카롭게 자란다
파란깃발은 독을 마시며 야광귀夜光鬼의 눈을 밝힌다
야광귀는 야거리를 저어 야객野客을 부른다
26가닥의 수염에서 고독의 신음소리 들린다
파란깃발로 야객은 시를 쓰노니
野翁
야옹

탈의실 엿보기

앞산이 뒷산 그늘에 숨어 흰 잠방이 갈아입고
겨우내 씻지 못한 몸 씻으며 치장에 부산함에
임진나루에 벗어 버린 흰 잠방이 둥실둥실 떠내려감에
앞산 겨드랑이에 봄맞이 향 바람결에 코끝 건들건들
앞산이 뒷산 그늘에서 벗어나 햇살의 달콤한 유혹에
잠방이 벗은 줄 모르는 능선 요염함에
진달래 꽃봉자리 여인네 젖꼭지처럼 영롱함에
꽃은 스스로 가슴을 터트리며 감탄한다
봄의 낯선 문짝을 살포시 열린 앞산 이마가 눈부심에
들짐승처럼 포효하던 겨울바람 뒷산자락으로 숨는다

몸으로 걸어야하는 것이

그 집 문패에 누런 꽃은 못생겼다고 유언비어 퍼트려 놓고는
뱀처럼 홑이불 뒤에 숨어서 몸으로 걷는게 수상쩍더라
대추나무 향나무 자두나무 단풍나무에 몸을 휘돌아 감고도 모자라
옆집 울타리 월담하여 새끼를 치고 있는데 매일 두세 번씩 점호 취하니
대추호박새끼 향호박새끼 자두호박새끼 단풍호박새끼 하나 하고도 둘…
야밤중 달빛하고도 염문 낳고 울타리 넘어 월견박 매달고
북두칠성 껴안고 칠성박 주렁주렁 정력자랑 맘껏 하네 그려
애 잘 놓는 애호박 장맛비 주전부리 부침개 해 먹느라 서너 개
따먹었는데도 하룻밤 자고서 세어보면 늘어난 애호박 몸으로 걷더라

번식은 몸으로 걸어서 이루어짐을 뭐 이상하다고 떠들고 있는지

나 참

궤적軌跡

아우가 중국에서 구입해다 준 짝퉁만년필 몇 년째 긁고 있다
이름이 멋스런 프랑스문자 새겨진 금장 띠 두른 검정몽블랑만년필
뚜껑이 낡아 도색이 벗겨져 눈 녹은 알프스 산정을 닮았다
그 놈의 동맥에서 검은 피가 흐른다
검정도둑고양이 눈동자처럼 밤 사냥을 즐기는 야행성이며
여백의 일기장에 검은 피로 발톱을 세워 긁적이며 상처를 낸다
날카롭게 세운 발톱이 무서워 떨던 빛바랜 종이마저 이젠 겁이 없다
잉크를 채우는 고무튜브는 동맥경화증에 시달려 흐물흐물거리고
금촉은 오래 신은 신발 뒤축 닮아 삐딱하게 누웠다
검은 핏자국의 족적은 굵어졌다 가늘어졌다 野翁의 요로를 닮았다

갯벌지렁이처럼 꿈길 만들고 밤바다 찾은 별똥별과 야담을 즐기며
뭉뚝한 촉수는 게으른 詩翁의 시에 바퀴를 갈아주고 길을 남긴다
늦바람처럼 찾아오는 잠의 무르팍을 꼬집어 주기도 하며
밤마다 동맥으로 뿜어내는 검은 피의 잘못된 흐름을 지우느라
詩翁의 쓰레기통은 늘 풍만하다
만년필촉이 뭉뚝해진 것만큼 시는 길어지고
길어진 만큼 생은 짧아졌다

이 웬쑤야

나를 향한 외침이다

모진 인연으로 맺은 길지도 짧지도 않은 삼십 년
집사람은 성경 한 구절 구경하지 않고도
이 웬쑤와 삼십 년 넘게 살아왔다
나 아닌 네가
너 아닌 내가 사랑한다는 말
한마디 없이 웬쑤로 살아온 날이
샛강처럼 구불거리고 길었다
앞으로 살아갈 남은 날에도 원수를 사랑하라는
성경 말 아니어도
샛강이 흐르다 만든 모래섬 다독거려
한 번도 핀 적 없는 달맞이꽃씨 뿌려 볼 것이다

坐忘室똑때기

남대문시장 똑때기방에서 건달불알처럼
지싯지싯 걷는 태엽시계 구입하여
坐忘室 홑창 곁에 걸어 놓고
새벽같이 녀석과 원한 없이 독대하니
좌탁머리 위에서 어물쩍거리는 놈 믿고
약속시간 따랐는데 아차차 늦기 일쑤
건드렁타령에 숨찬지 졸다 걷기 다반사
바삐 떠나는 임 아쉬운 양 거드럭거드럭
바쁘다 재촉하는데 시치미 뚝 따고 홑창 가를
뒷짐 지고 어슬렁어슬렁 비웃는 놈 밉지 않네
坐忘室 홑창 가에서 시간을 못질 하느라
똑딱똑딱 못 박는 병정들 노랫소리

酒色감별사

술잔을 높이 들어 '위하여'
그리고 술잔에 술을 부어라
어떤 술에도 숨어 있는 주색이 있는데
막걸리는 탁한 색, 밥풀떼기 둥둥 뜬 동동주의 맑은 색
소주는 밤이슬 색, 맥주는 쇠오줌 색
허나 세상에 모든 종류의 술은 같은 색
그것을 증명하는 방법이 있는데
주색감별사를 찾으면 된다
국제 공인받은 감별사는 임진리에 살고 있다
어떤 술이든 딱 한 잔 마시고 삼 분 기다리면
정확하게 얼굴색 붉게 변한다
봄날 감악산 진달래꽃 속에 앉으면 진달래 되고
섬진강변 시골집 감나무에 오르면 홍시 된다
그것이 궁금하면 주색감별사를 찾으면 된다
수수료는 공짜요 다만 술 한 잔이면 된다

술이 숨겨놓은 빛깔과 그 빛깔이 숨겨 놓은
너털웃음이 있단다
술 한 잔에 시 한 수 읊고 웃고 나면 기분 좋아지고
건강에 좋고 세상에 모든 것을 사랑하게 된다
술잔을 높이 들어 '위하여'

사랑은 몇 살 | 사랑이 철들면 | 사랑, 달콤한 말 | 사랑이 꽃보다 | 아름답다는 말 | 손으로 쥔 봄 | 버들개지 눈 뜨니
나무에 핀 눈꽃 | 하얀 전쟁 | 찌그러진 추억이 맛있다 | 눈물 도둑 | 빗소리가 유리창을 깨뜨리고 | 알맹이 버리고 껍데기로 떠나라 하네
거리며 시를 쓰네 | 다섯 살배기 대추나무 | 가을연서 | 붉은 숲이 익어 술이 되었어라 | 지워지지 않는 색 | 그대 오자마자 떠나는가

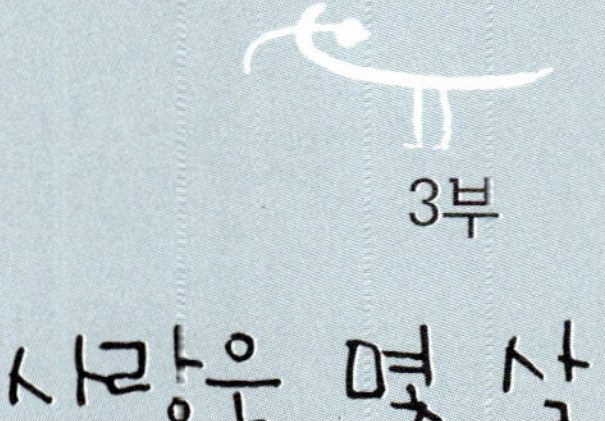

3부

사랑은 몇 살

사랑은 몇 살

냇가에서 걸음마 연습하며
잠시 눈길 벗어나면 넘어지는 아이
사랑과 사탕이란 말 구별하지 못해
그저 달콤한 줄 알고 있지
달래주지 않으면
발을 동동 구르며 떼쓰는 아이
업어주고 안아주고 쓰다듬어 주고
얼러주고 웃겨야 깔깔깔 웃는
사랑의 나이 철없는 세 살배기

사랑이 철들면

사랑을 빨고 있는 막대사탕이 다 녹으면
철든 사랑은 울타리 넘어 바람이 된다
사랑은 웃음이 아니란 걸 상처로 배우고
사랑은 울음이란 걸 깨닫고 목을 멘다
사랑이 철들면 손톱을 세워 울타리 넘은
바람을 할퀴어 가슴에 묻고 내내 운다

사랑, 달콤한 말

사랑의 말은
짧을수록 아름다워
포옹은 길수록 좋은 법
긴 사랑의 변명은
포옹이 짧은 법
사랑 그 달콤함은
입술로 시작됨을
나
그댈
사랑하노라

사람이 꽃보다 아름답다는 말

조팝꽃 봉자리 앞에서 벌떼처럼
사람들이 웅성웅성거려요
하얀 이 내보이다
그것도 모자라 목젖까지 보이며
깔깔깔 웃고 있어요
기분 좋은 조팝꽃 눈물 하얗게 흘려요
조팝꽃 아름답다며 눈물 흘리는 이
정녕 당신이 꽃보다 아름다워요
첫눈처럼 다가온 하얀 포말을
끌어안으며
그 누가 아름다움을 다툰들…

손으로 쥔 봄

검정똥개 짖는 소리에 소스라쳐 깬 아침
땀이 밴 이마, 주먹으로 쥐엄질하다
손바닥에 하야말쑥한 물체가 봉곳 쥐어진다
겨우내 시린 발 녹여주지 못하였는데
발바닥, 간질밥 먹이며 목련꽃 쥐어준다
손은 발에서 너무 멀리 떨어졌나보다
발아, 너를 배반하지 않았어
다만 허리를 구부릴 수 없기에
덮고 있는 흙만 바라볼 따름이야
나는 너무 멀리서 너를 잊지 않고
네가 쥐어준 하얀 목련꽃 들고 있지
한 아름 가득 꽃피워 너에게 던져 줄게
밤이면 별들의 꿈 이야기며 구름의 여행담을
빗줄기에 담아 두레박으로 내려 줄게
두레박에 네가 담아준 땀 올려주면

아무리 멀리 있어도
약속 어기지 않고 하얀 목련꽃 피워 줄게

버들개지 눈 뜨니

버들개지 킹킹
짖어대는데
못들은 척 하였더니
삽짝문 흔들고

버들개지 졸래졸래
꼬리치는 걸
못 본 척 하였더니
문고리 당기고

버들개지 개울물에
발 시려 촐랑대는데
못 안아 주었더니
비죽비죽 입내밀고

에 라 모르겠노라
삽짝문 활짝 열어
이르게 찾아 온 봄
맨발로 달려가 맞자

목련나무에 핀 눈꽃

삽짝 왼쪽 목련나무에 눈부신 흰 눈꽃
봄날의 하얀 목련을 표절한 아침
면사포 입고 입술 파란 새색시 닮았어라
도둑고양이 숨죽은 발걸음처럼 눈꽃 훔쳐보며
아름다움은 더렵혀지기 전에 사라지는 것이라
순결한 나의 사랑을 눈꽃 핀 목련나무 아래서
질투의 바람이 쏜 화살이 순백의 심장을 뚫고
붉게 더렵혀지기 전 하얀 꿈으로 고백하리라
동면중 꿈꾸는 목련나무에 앉은 눈꽃
잠꼬대하다 뒤틀린 몸짓에 놀라 떨어질라
질투의 바람이 쏜 화살이 순백의 심장을 끊고
붉게 시들기 전 하얀 사랑의 말 고백하리라

하얀 전쟁

사뭇 당당하게 고지 점령한 검정색 안경 낀 야전사령관처럼
핏발선 눈빛으로 점령지 응시한다
하얀 위장복 차림으로 점령지를 염탐하는 침입자 적발하면
무참히 군화에 짓이겨진다

이처럼 하얀 전쟁은 배추흰나비와 인간과 먹이 전쟁이다

인간은 무단점령한 땅뙈기에 배추를 통째로 먹기 위함이고
배추흰나비는 번식을 위해 알집을 짓기 위해서다

4월에 시작된 전쟁은 6월까지 승자 패자 없이 벌어지는데
잠시 야전사령관이 한눈팔고 있는 사이 게릴라전으로
살아남은 배추흰나비 한 마리가 나잡아 봐라면서
아무 일 없었다는 뜻 울타리 사뿐히 뛰어넘어
임진나룻목으로 비상하더니 뱃사공 부른다

찌그러진 추억이 맛있다

봄날 반란을 꿈꿨다
십구공탄 녹슨 화덕에 달무리로 앉아 혁명을 규탄하고
찌그러진 양푼에 순두부찌개를 끓이며
삼십도 쓴 쐬주 한 순배 돌아 울민 가슴
일그러진 봄날 반란은 혁명을 합창하였다
배고파도 고프지 않고 찌그러진 양푼에 꿈을 끓이며
사랑의 모르핀에 중독된 봄날은 아팠다
달동네 십구공탄 불꽃 한 번 식으면 불귀객이 된 채
포방터 산일번지 열아홉 살은 독을 품었다
봄날 일그러진 양푼 닮은 추억이
열아홉 구멍 속에 똬리 튼 뱀처럼 누워 있다
봄날 자웅산 기슭에 혁명을 꿈꾸는 철쭉꽃이
불꽃처럼 붉디붉게 타오를 것이다
반란을 꿈꾸는 조팝꽃무리
순두부찌개처럼 끓고 있는 봄날이 심상치 않다

눈물도둑

성벽보다 높고 두터운 그녀 마음을 움직이는
눈물은 가슴을 열어 젖을 물린다
창칼도 열지 못하는 가슴은 울음 울어 열린다
봄비가 경부선 열차 차창에 숨어 운다
눈물에 젖는 가로의 벚꽃 연붉게 흐느낀다
웃으며 사랑을 구하는 것보다
눈물로 고백하면 어둡던 가슴이
길을 터준다
눈물은 천사가 뿌려주는 선물이다
아니다 신의 다락에서 몰래 훔친 보물이다
눈물 같은 눈물이
낡은 성벽 바랜 흙처럼 전설이 된다
눈물이 도둑처럼 찾아와
눈물은 도둑처럼 떠난다

차창에서 봄비가 흐느낀다

빗소리가 유리창을 깨뜨리고

가물더위에 수국을 감싸고 있는 화분의 흙은
판독하지 못한 고분의 상형문자로 굳어 있고
빼앗긴 잠, 버스럭거리며 하늘만 쳐다보는
나, 메마르기 마찬가지네
이때,
먼발치 마을회관 앞 누워있는 가로등 불빛
기웃거리는 유리창에 청개구리가 퍼덕이네
창밖, 포도나무 잎사귀끼리 막춤 추고
빗소리가 유리창을 깨뜨리는 소리
벼락이 더위 먹은 구름을 야단치고 있는 소리
놀란 개들이 허공보고 짖어대는 소리
빈 장독의 공명음 콩 튀는 소리, 마당을 점령하네
유리창이 깨지며 구원을 청하는 소리에 멍해진 나,
이대로
들판에 뛰어나가 흠뻑 젖은 수양버들로 서 있다

빗물이 가슴팍을 적시면 나그네 새 되어
날개가 지칠 때까지 강물과 함께 떠내려가야지

알맹이 버리고 껍데기로 떠나라 하네

바람살 살짝 비켜가는
향나무 밑동 코쭝베기에 웃음하나 숨겨 놓고
이웃 오엽송 오고가며 구름침대 짜고 있네
기름진 이야기와 미워함을 비워버리고
바람마저 게워 놓고 껍데기만 남으라하네
구름송이 베틀에 올려 지망蜘網짜는 거미
어쩌다 길 잃은 고추잠자리 한 마리
공포에 질려 푸드덕푸드덕 얼굴 숨긴 주인 깨우네
길 잃은 낮달 잠시 머물다 인사 없이 떠나고
향나무와 오엽송이 밤마다 나누는 이야기 전해주고
숨겨 놓은 독침 꽂아놓고 알맹이 버리고 껍데기로 떠나라네
바람살 살짝 비켜가는
향나무 밑동 코쭝베기에 슬픔하나 남겨 놓고

뒤틀거리며 시를 쓰네

거슴츠레한 5월 해름의 대학로에
버버리코트 깃을 세운 봄비가 등을 치네
이럴 때
지하 일층 발효된 공기냄새가 코끝을 찌르는
대폿집이 천생연분일세
술잔에 빗소리 기어오르고
그 뒤를 쓸쓸함이 어깨동무하고 기어오르고
가쁜 숨 헐떡이며 술 취한 시인이 기어오르고
오르다
빗소리 소리죽여 몸을 던지고
쓸쓸함이 머리 풀어 몸을 던지고
술 취한 시인이 옷을 벗고 몸을 던지고
그 속에 벌거벗은 여인이 허우적거리네
술잔 속의 잡것들 조용히 아주 조용히
술 취한 시인의 가슴으로 추락하네
시인은 뒤틀거리는 발걸음으로 시를 쓰네

다섯 살배기 대추나무

어린 나이에 앓고 있는 골다공증환자마냥
등 굽은 대추나무 사립짝에 기대어
가을바람에 울고 섰다
이름도 기억하지 못하는 숱한 녀석들
멍울선 젖꽃판에 주렁주렁 매달려
투정부리는 철때기 없는 녀석들
지나는 마실꾼마다
아, 고놈들 맛좋게 생겼다며
피멍든 대추 한 알 씹고는
퉤퉤 씨앗을 내뱉는다
등 굽은 어미는 삽짝에 기대어
가을 햇살에 처연하다

가을연서

불길 없이 당신을 태울 수 있을까요
가을 산 불타는 나뭇잎 불꽃처럼 타올라
꽃순 떨군 당신의 가슴팍 태울 수 있을까요
꽃순 진자리 아픈 상처 아물 수 있을까요
당신을 향한 그리움 앓고 싶을 따름인데
불길 없이 타버린 나뭇잎, 재 될 수 있을까요
간이역 벤치에서 기다려도 서지 않고 스치는
밤 급행열차 빈자리 그림자 없는 쓸쓸함
쓰러지는 마른 풀잎에 별빛 튀어 탈 수 있을까요
냉담한 당신은 차가운 강처럼 흐르는구려
이 가을, 낙엽만 타고 당신을 태우지 못해
불꽃처럼 타오르는 가을산을 당신 곁으로 보내드려요
그리고 나는, 겨울산 나목으로 선 채 기도 할 거예요

붉은 숲이 익어 술이 되었어라

숨가쁜 것이 어찌 산 탓이랴
늦가을 모처럼 감악산 오르는데
아랫도리 후들후들 숨소리 할딱할딱
운동부족과 나이 탓을
산이 높은 탓이란다

가쁜 숨 내쉬는데
숲속에서 까르르 웃는 소리
붉은 새떼 인기척에 놀라
날갯소리 푸드덕푸드덕 낙엽 헤집는다
새들이, 나를
등에 태워 비워둔 하늘로 날고 있다
산 아래 마을이 점점 점으로 보인다
헤아릴 수 없이 부스러지는 날갯소리
감악산 품속 포근하다

낙엽주에 취해서
비틀거리며 산을 내려오는 것이
어디 산 탓이랴

지워지지 않는 색

아주 먼 옛날산골소녀가 몰래몰래 진달래꽃잎 따먹다
산신령께 들켜 지우다 지워지지 않는 진달래꽃물 들어
혓바닥 빨갛게 물들고 입술에 흔적이 남은 징표라네
앞산에 만발한 진달래꽃타래 속에 숨어 입맞춤 할까나
지워지지 않는 진달래꽃물, 입술 속에 숨은 사랑의 색

그대 오자마자 떠나는가

첫사랑의
시퍼런 칼날에 베이면
아물지 않는 상처 남기더니

첫눈이
첫사랑의 입맞춤처럼 뜨거워
오자마자 떠나며 흘리는 눈물
덜 아문 가슴 어루 더듬네

가 던지고 갔을까 | 도토리 형제의 꿈 | 노랑턱멧새는 함박눈이 데리고 온다 | 아랫목 없는 겨울밤 | 겨울바다엔 바람만 있다 | 임진강 기러기
꽃대가 흔들리는 것은 강물소리다 | 나의 안전거리에는 빈 의자 놓여 있다 | 강은 늘 비어 있기에 | '짝' | 아침을 노래하리라
기러기는 나무에 둥지 틀지 않는다 | 거기 황진이 | 종이비행기 접는 은행나무 | 얼룩지움 | 못, 곡산역 | 마음·3 | 나도 걷는다

4부

거기 황진이

누가 던지고 갔을까

목격자 없다

앞뜰에 노란 피봉 알음장 고개를 까닥까닥
잊고 있던 초등학교 동창자녀 잔치 소식인가
갑자기 전하는 지인의 부음訃音인가

신발을 거꾸로 신고 허둥허둥
글자 없는 알음장인 걸
반명함판 사진 필요없다는 구나
가슴에 들키지 않는 비밀하나 숨겨 떠나자는
가랑잎인 걸

그러면 그렇지…

도토리형제의 꿈

임진강초평도 내려다보이는 가을산기슭
도토리 한 자루 짊어진 등 굽은 떡갈나무
산꼬대 등살에 떠나려는 도토리형제
산새가 들려주는 바깥소문 귀기울여 바람났다
도토리형제 산새와 바람에게 우쭐거리며
그 중 한 녀석 하는 말
"우리는 둥그니깐, 굴러서 어디든 갈 수 있어"
저기, 보이는 임진강으로 굴러 바다로 갈 거라며
말릴 틈 없이 나무에서 겁 없이 뛰어내린다
바위에 부딪뜨려 잠시 정신 잃었던 도토리
아무것도 보이지 않는다며 울먹인다
키 작다는 것 모르고 자가당착에 빠진 거드름
호락호락하지 않는 세상의 쓴 맛과 좌절을
앞 못 보는 도토리는 끝내 나무아래서 생을 다치고
낙엽은 바람 따라 강으로, 바다로 흘렀다

노랑턱멧새는 함박눈이 데리고 온다

인적 드문 산속에 태어났어야 될
애기사과나무 한 그루 뜰 안에 심었는데
여름내 햇살에 달궈진 빨간 애기사과
먹지 못하고 때깔만 고와 지나가는 길손들
술 담가 마시겠다며 침 삼키는 소리 꿀꺽꿀꺽

열매의 주인은 따로 있는데
함박눈 내리는 날 찾아오는
노랑턱멧새 한 쌍이 주인인 걸
함박눈이 하늘을 데리고 온 날
새롭게 태어날 생명의 씨앗 물고
그동안 잘 지켜 주었다며
~~수수쫑수수쫑~~ 노래 한 곡 들려준다

한 쌍의 노랑턱멧새는 함박눈 속으로
전설 속 이야기처럼 사라진다

아랫목 없는 겨울밤

어둠에 숨겨 놓은 승냥이의 찢어진 눈빛에
찌그러진 달 씌워놓고
등가죽에 붙은 배 쓰다듬어 달을 구워
어둠을 마셔버리는 바람의 울음소리

뜯어 먹히다 토막 된 달을 쫓고
짖어대는 승냥이 허연 송곳니
밭두렁에 녹다 남아 꿈틀대는 잔설
뜯다 버린 짐승의 창자처럼 창백한 밤

승냥이는 이런 밤을 좋아한다

나는 승냥이가 어슬렁거리는 들판에서
암컷 부르는 울음 흉내내며
승냥이를 부른다

겨울바다엔 바람만 있다

바람이 바람의 등 떠밀어 밀려난 바람
길 잃고 서성대는 화진포 겨울바다
파도가 파도의 등 떠밀어
모래사장에 길 묻으며 안달복달하는 파도
이름 모를 섬의 숲
날 저물면 해송 솔잎 날 세우는 소리
밤새 검은 빛 바닷물 마시고 취한 바다
집어등빛과 등대의 섬광등 흘리는 빛
잠이 잠의 등 떠밀어 잠 못 이루는 밤

정박 중인 어선들은 무슨 궁리하는지
머리 맞대고 출어를 포기한 채 수군덕수군덕
그물코 꿰맴질하는 어부아내의 꿰미가 날카롭다
작은 포구에 밀려온 파도 뱃전을 유린한다
바다는 있는데 바다는 비어 있고

어선은 있는데 어선도 비어 있고
만선은 꿈, 전설이라며 바람 내쉬는 어부
드러누운 조개껍질 찬란한 무덤이 된다
겨울바다엔 바람에 내몰린 바람만 있고
겨울바다엔 파도에 밀려난 파도만 드높다

임진강기러기

기
기
기…
길다랗게

기
기
기…
기찻길따라

기
기
기…
강 · 강 · 수 · 월 · 래

꽃대가 흔들리는 것은 강물소리다

강물소리 엿들은 이른 봄 애호랑나비
덜 깬 잠, 서투른 날갯짓 나붓나붓
어디서 들리는 물소린가 고갯짓 기웃기웃
민들레 꽃대 흔들며 문 두드리는 소리였네
빼끔히 열린 문틈
엎드린 민들레 노란 꽃들 재잘재잘
초평도 모래톱에 머물러
야트막하게 초가마을 이루고
봄 맞은 마을에서 무슨 일 생겼길래
키 높은 굴뚝 삐죽삐죽
꽃대 흔들며 저녁밥 지으며
꿈을 피우는 민들레 하얀 연기
꽃바람에 밀려 초평도 떠나고 있네

나의 안전거리에는 빈 의자 놓여 있다

자유로 올라타고 통일동산께로 벗어난 임진각방향은
감시카메라 없는 무풍지대, 자동차 시속 140킬로 날리면
임진강이 철모 닮은 산들을 데리고 우르르 따라온다
앞차와 안전거리 확보가 우선인데 약삭빠르게 끼어드는
차 있어, 차마 양반이 욕을 못하고 혓바닥 끌끌 찬다
나의 원고지에 시어가 되지 못한 낱말 몇 자 적혀 있고
나머지 팔할은 빈 공란인데 으뜸글, 초장, 중장, 종장이
되기도 하고, 빈 공간에 시가 채워지지 않으면 휴지가 될
확률이 높은 원고지가 수북하게 어질러 있다
텅 비어 있는 머릿속은, 알갱이 한 톨 끼어들지 않고
텅 비어 있는 주머니에 배부른 빵 한 쪽 끼어들지 않는 것
그것도 안전거리인가, 가난인가
가슴은 늘 비어 있어 안전거리 확보인데
끼어드는 사랑하나 없다
안전거리 틈에 끼어 있는 게으른 나의 푸념 한 자락이

소슬바람되어 청소차집진기 흡입구 주름관 속으로
유령처럼 빨려 들어가는 자유로에 자유가 없다

강은 늘 비어 있기에

강물은 흐르는 게 아니라
비어 있기에 채워지는 것
비어 있는 것만큼 채워지기에
흐르는 것뿐이라
바다가 출렁이는 것은
늘 비어 있기 때문이라
세월 또한 비어 있기에
흐르는 것이라
나의 마음은 늘 비어 있기에
사랑을 기다림이라

'꽥'

앞선 기러기 '꽥' 소리 질러
뒤선 기러기떼 '꽥' 강물에 안착한다
먹을 것 없이 강은 얼었어도
기러기의 언어는 '꽥' 소리밖에 없다
기러기의 언어가 많았으면
시베리아고원, 바이칼호를 넘지 못하고
임진강을 찾지 못하였으리
구겨 던져진 조간신문, 티브이, 인터넷, 문자메시지
성경, 불경, 정치가, 시인이 쓰다 만 원고지하며
인간의 언어는 많기도 하다
인간이 기러기였다면
시베리아고원, 바이칼호를 넘지 못하고
추워 죽었거나 배 곯아 죽었을 것이다
언어가 많은 인간은 날지 못하고 제자리에서
'꽥' '꽥' 언어를 먹고 마시고 토한다
기러기언어는

아침을 노래하리라

감악산 정수리에 밝아 오른 아침 해
발소리 숨기며 흐르는 임진강을 밝히시고
민족이 바라는 희망의 기도는 부끄럽기만 한데
통일의 소리만 들어도 온 몸이 저려오누나
강물에 젖어 있는 북채를 말려주시고
먹구름 속에 숨겨져 있는 북을 밝혀 주소서
그리고 두 손 높이 들어 힘 있게 북소리 울려
힘없이 주저 앉아 있는 백성을 꾸짖어 주시고
온갖 욕심으로 채워진 이기심을 불 태워 주소서
그리고 종아리를 걷어올리게 하여
걷어 올린 종아리를 모질게, 모질게 때려주소서
그 피가 강물에 씻겨 상처를 아물게 하소서
감악산 정수리에 솟아오른 아침 해
젖은 날개 말려 주시고, 흘린 눈물 닦아 주시어
처진 어깨 임진강물처럼 쭉 펴게 하여 주소서

팔을 걷어 올려 북소리 울리며 대한민국을 외치게 하소서
이 고을 저 고을 백성들 모국어로 노래 부르게 하시어
입으로 배설한 욕설을 씻고 꽃을 물고 있게 하소서
감악산 정수리에 꽃으로 밝아오는 아침에
나를, 나를
아름답고 순결한 바보로 태어나게 하소서
하늘과 땅이 베풀어주는 은혜에 감사함을 외치게 하소서
임진강이 통일의 노래 부르게 하소서

기러기는 나무에 둥지 틀지 않는다

임진강갯벌 선회하며 부르는 난해한 창가
초평도 산정을 맴돌다 굿거리장단에 춤추는
음표들이 낙하하며 지문을 음각한다
긴 남행으로 허기진 날개 벼까락으로 채우고
잊지 못할 설원의 꿈 임진강변에 아로새긴다
어미나무로부터 수유를 거부당하고
표류중인 갈참나무 낙엽들과 수인사하며
별시계나침판을 판독하며 날던 여행담으로
갈대숲 분분하다
기러기는 갈대숲에서 난해한 음표로 기행문 쓰며
다시 떠날 채비하느라 나무에 둥지 틀지 않는다

거기 황진이

비 그친 아침
찌든 밤을 씻느라 임진강이 몸을 턴다
거기 손닿을 것만큼 거기
적삼赤衫 걸친 송악산이 요염하다
아래 바로 그 아래
흙탕물 건너려 아랫도리 벗은 초평도가 흥건하다

비 그친 아침
찌든 밤이 씻기며 겨우 길 찾은 햇살
거기 손닿을 것만큼 거기
적삼 벗는다
아래 바로 그 아래
날 세운 갈대에 베인 초평도가 돌아앉아
어깨 들썩인다

종이비행기 접는 은행나무

늦가을부터 통일로 삼거리에 허리 구부려 뒤돌아 서있는
은행나무 거동 수상쩍하더니
풍향이 북풍으로 바뀌면서 앓고 있는
신음소리가 예까지 들렸어라
무서리 흠뻑 적신 앞가슴 풀어 종이비행기 마구 날리며
노랗게 콩기름 바른 종이비행기 날갯죽지 속에
짝사랑 못다 푼 말 숨어 입 다물었네
종이비행기 재료는 지난해 단위농협에서 얻어온 두루마리
돌보기 없이 잘 보이는 대문짝만큼 커다란 마지막 월력일세 그려
아무것도 걸치지 않고 기다림으로 서 있는
은행나무 꿈속 짝사랑이 전하는 말
초록잎으로 돋아 노란 열매로 맺으련만
종이비행기 날개 속에 감추어진 내밀한 비밀
돌아오지 않는 다리 건너 임진강물에 띄우고

녹슨 철조망에 수달 콧구멍처럼 뚫린 경의선에도 실리고
규정 속도 나 몰라라 색안경 쓰고 마구 달리는 아줌마에게 살짝 던지고
우체부아저씨 딸딸이 가방 속에 쑤셔 넣기도 하고
관광버스 차창으로 황홀하게 바라보는 여행객의 가슴속에 저미고
멍하니 서서 기다리는 통일로 삼거리에 졸고 서 있는 은행나무
종이비행기 띄우네
종이비행기 날리네

얼룩 지움

추위에 매달려 최후를 맞이한 눈의 얼룩이 눈물자국처럼
겨울이 그려 넣은 유리창의 해묵은 풍경화 입김 불어 지운다
세세연년 섬진강에서 들려오는 춘매 향 예까지 오느라
붉은 머리띠 두른 역전경기 선수 가쁜 숨 몰아쉬기 바쁘다
남향받이 장독대 곁에 매화나무 한 그루 주봉 이어 받고
얼룩 지운 유리창에 매달린 자태 고고지성하고 눈부시다
아침 창 열면 와락 안기는 매화 향 마당에 그득하다 못해
월담 하니 벌들의 날갯짓에 꽃가루 분분하다
얼마나 기다렸던 꽃인데 떠날 준비하느라 울타리 밖으로
눈물처럼 꽃잎 흘리다 못해 바람이 끼어들어 흐드러진다
매화나무 아래 낡은 의자에서 생각나는 사람 그릴 틈도 없이
골목 끝으로 매향 데리고 떠나 송악산 황진이 찾으려나보다
유리창의 얼룩을 지우고 유리창에 매달린 매화꽃 지우는 봄

뭣, 곡산역

경의선 더듬어 가다 봇짐 풀고 열차가 쉬어가는 무표정한 간이역 있다. 내리는 사람 없는데 타는 몇 사람 중 비닐하우스에서 흙이 신발 따라 와 풀썩 빈자리에 기댄다. 저녁노을이 자유로 따라 서해 등지고 치닫는다. 흙이 기댄 비닐 포대 속 숨어 있는 갓딴 토마토 엉덩이 노을빛 훔쳐 요염하다. 열린 창으로 바람이 스스럼없이 얼굴 식힌다. 열병합발전소 높은 굴뚝이 능금 나무되어 빨간 능금이 깜박불로 날아와 앉는다. 곡산역이 묻힐 구덩이에 장맛비가 흥덩흥덩한데 무임승차 즐기는 흙과 노을 도마도 깜박불 철없는 바람 싣고 열차가 디둥디둥 걷기 시작한다. 뚜 웅 뚜 웅 곡산역 묻힐 구덩이 바라보는 간이역은 봇짐진 채 추억의 이야기 속으로 사라질 것이다

마음· 3

3이 때로는 술잔을 던진다
무수한 파편이 별이 되어 너울 일으킨다
추억이 음각된 술잔 속에서
여인 3이 싸운다
너울이 때로는 꿈을 부수지러
뺨을 때린다
3이 때로는 술잔을 사위어 마시고
3이 때로는 흐느끼며 술잔에 빠진다
3은 떠도는 노숙자 차림의 강물된다

나도 걷는다

봄비가 임진강물
데리고 건중건중

강물이
적벽에 업힌 옥지꽃
데리고 강중강중

강물이 나를 데리고
걸으면서 응얼응얼

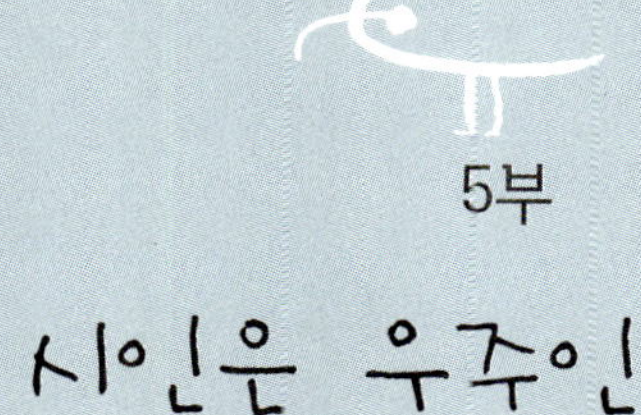
5부
시인은 우주인

백남준은 시인이다

팽팽하게 당겨진 줄 위에서
높고, 낮게
길게, 짧게
또는 울고 웃으며
빠르고, 느리게 춤만 추는
어릿광대 음표들을 데리고
맨하탄 거리를 바이올린과 손잡고
그 뒤로 음표들이 주르르 소풍가고 있네
그는
넥타이에 꽃밭을 일구어 국화꽃 피웠고
가마타고 시를 읊으며 소풍가고 있네
백남준은 시인이다

바다를 조금 훔쳤지

옷섶에 퇴화되어 날지 못하는
새 한 마리 품고와 날려 보내주었지
뱃머리는 햇살을 부수어 파도를 만들고
물거품은 하늘로 흘러 갈매기가 되었지
행여 들킬까 두리번거리다
바다 한쪽을 움켜쥐어 호주머니에 숨겨왔지
새 한 마리 날아간 빈자리에
간 절인 바람 한 점 꿀꺽 삼켰지
가슴은 어선의 기관이 되어 쿵쾅거리며
저녁노을빛으로 얼굴을 감싸고
포구를 떠나 왔지
훔쳐온 바다는 호주머니 속에 잠들어
새가 되는 꿈을 꾸고 있었지

가을은

파란색이 바랜, 감물 든 옷을 걸친
삼십 년 살아온 마누라 품처럼
푸근한 계절
바랜 놋그릇 속에 빛을 숨기고
장독 속 된장 익어 꿈이 영그는 계절

강물 길을 지움에

쫓기는 범인처럼 강물은 임진나루에 얼굴 감춤에
촘촘하게 짠 그물망에 밀물장어 걸리지 않음에
스르르 흘러 주막집 기웃거리며 시인을 찾음에
아무런 인사 없이 길을 지우며 스침에
강물은 길을 만들지 않고 별자리 찾아 떠남에
강물은 꿈꾸지 않으려 잠을 흘러 버림에
귓속말로 철조망이 있음에

거미섬

던져지는 눈길마다 돌아오지 않는
강나루 건너 초평섬은 휘휘찬찬 안개 숲
어쩌다 샛바람 이야기 들으면
안개로 위장된 거미가 살고 있다는구나
녹슬어 보이는 철조망
그 속은 거짓의 카멜레온 혀가 숨어 있고
고압전류가 비수품고 흐른다는 구나
가시에 찔린 구름조각이 비명 지르며
안개지핀 늦여름, 거미줄엔
지뢰 밟고 핀 나팔꽃넝쿨 무성하고
고추잠자리 한 마리가 떨고 있구나
노을 다녀간 휘휘한 초평섬 녹슨 철조망은
위장된 거미줄
눈 내려 깔고 어두워지는 거미섬 그림자는
임진나루에 차갑게 가라앉는구나

걸망 멘 굴참나무

백발의 첫서리가 걸망 둘러메고
알로롱달로롱 굴참나무 흔들고 있네
흔적 남기기 싫어하는 낙엽들
서걱서걱 걸으며 소리 없이 눈물 머금네
눈물지운 잎들 겨울바람 따라 떠나고
굴참나무 빈 가지에 뻐꾸기 울음 가득 담은
걸망만 덩그러니 매달려 꿈꾸고 있네

도라도라

도라 누운 산, 도라 누이려
도라산 지레목에
지렛대 걸고 영차 어영 차

도라 누운 님 도리키려
여든 살 아들이
마흔 살 아버지 영전에
오열하며 업 딘 산

무당벌레 등 닮은 작업모 쓰고
도리도리 지렛대는 도리깻장부
사천강이 도라산역 휘감고
도라도라 임진강에 업힌다

보광사 범종소리는

새벽예불 알리는 천년고찰 범종소리는
천년이 지나도록 고령산을 넘어 본 적 없다
새벽안개는 거미줄처럼 귀를 막고
길 잃은 종소리는 냇물 따라 흐른다
보광사 범종소리가 고개를 넘지 않은 까닭은
불쌍하고 배고픈 중생들아,
고개를 넘어와서 들으라는 깊은 뜻을…

세상에서 제일 가벼운 것이 어둠이더라

바람보다 가볍게 날고 싶어
주머니에 가득 찬 돌덩이 털어 버리고
대학로 플라타너스에 초록으로 매달리고 싶었지
늦가을 바람보다 무거워진 갈색의 날개는
팔짱낀 연인들의 발걸음에 등 떠밀려
외로움보다 무거워진 몸 이끌고
혜화역에서 동작역으로 가는 지하철에 실렸지
동작교 나트륨가로등 불빛은 한강이 데리고 떠나고
갈색잎 낙엽은 강 속 깊이 숨었지
이 모든 것보다 가벼운 것은 어둠이더라

숲속에 행복을 파는 파랑새가 있다

엄청나게 돈 많은 부자가
숲속파랑새가게 찾아와
행복의 열매를 몽땅 사려드니
파랑새는 고개를 내저으며
부자에게 이르는 말
저의 숲에서는
“행복의 씨앗만 팔고 있지요”
말하고는 숲속으로 사라져버렸다

시인은 우주인

시인의 뒤통수에 눈이 하나 더 달렸지
어둠속에 도둑고양이처럼 숨어 있는
아름다움을 찾아내는 눈
눈물주머니를 주렁주렁 달고 질질 짜는 눈
시인은 귀가 하나 더 달렸지
겨울잠 자는 개구리 잠꼬대를 엿듣고
봄이 오는 발자국 소리도 미리 듣고
꽃과 나비의 속삭임, 별들이 나누는
사랑이야기도 훔쳐 듣는 귀
시인의 가슴에는 요술거울이 달렸지
"이 세상에서 누가 제일 예쁘니" 물으면
어여쁜 소녀가 방글방글 웃으며 나타나고
넝마 같은 잡동사니를 가득 담을 수 있는
꼴망태 가슴
시인의 발바닥은 바람이 가득 찬 신발 신었지

정처 없이 구름 흉내 내며 떠도는 다리
그러다 강이나 바다를 만나면
겨드랑이에 숨겨놓은 날개를 활짝 펼치고
하늘 높이 날 수 있는 깃털도 숨겼지
시인의 하루시간은 스물다섯시간 가졌지
잠만 자며 꿈을 꾸어대는 잠꾸러기
시인의 마음에는 유치원 놀이터가 있고
이슬 마시고 취하는 주정뱅이
시인은 사랑이란 사랑은 모조리 독차지
하려는 욕심꾸러기
시인은 별똥별 타고 지구에 비상 착륙한
길 잃은 떠돌이 별

국회의 마당놀이

패를 갈라
가위,
바위,
보,
내가 이겼다
네가 졌다
다시 한판 붙자
묵,
찌,
빠,
패가 갈려
그것 봐
내가 이겼지
네가 졌지
다시 한판 붙자

심판 보나마나
있으나마나

여의도 마당놀음

광대 3이 낫 놓고 핏대를 세우는데
광대1, 낫 놓고 '기역'자라 말하니
광대2, 앞에 놓인 낫은 '니은'자 아니면
손에 장을 지지란다
ㄱ ㄴ ㄱ ㄴ ㄱ ㄴ ㄱ ㄴ ㄱ ㄴ
광대3, 바보들아 정답은 바로 요것 일세
45도 기울이면 '시옷'이 되고
시옷을 콱 밟으면 모음 '으'가 되니
ㅅ ㅡ ㅅ ㅡ ㅅ ㅡ ㅅ ㅡ ㅅ ㅡ

적벽에 걸린 봄

천둥오리가 서둘러 떠나면서
적벽에 그림자를 아로새겨 놓았다
그림자는 강물에 겨울옷을 벗어버리고
강변에는 허물 벗은 구렁이가
천둥오리가 새겨놓은 부호를 지우기 바쁜
싸한 아침이다
서툰 화장에 적삼 걸친 아낙이
꽃망울 짓기 위해 물 항아리 채우는 아침
적벽에 붉은 머리띠 두른 봄이 펄럭인다
강물에 봄바람 실은 어선 한 척 띄우며
눈곱 낀 그물을 흔들어 깨운다
겨우내 콧등 빨개진 어부의 얼굴에는
만선의 황복어가 어리어 금빛강물에 취한다

파랑새의 구멍가게

파랑새님 날개를 파세요
날고 싶은 꿈만 팔지요
날개는 팔지 않아요

파랑새님 그림을 파세요
파랑새는 어떻게 그려요
파란물감 속에 있어요

파랑새님 노래를 파세요
가장 아름답게 파랑새를
보고픈 노래를 부르세요

시인이 부르는 아침노래

창천蒼天 높이 날고 있는 새
길 만들지 않으며
청청바다로 흐르는 강물
길 남기지 않는다
길 없는 하늘과 강
늘 새로운 길 만들고
첫 날 웃으며 떠오른 해님도
길 물어 뜬다
그래서 새롭다
새와 강물이 미움과 슬픔을 용서로 지운 길
해님과 함께 부르는 아침노래는
행복의 나라로 찾아 떠나는 행진곡
그래서 힘 솟는다

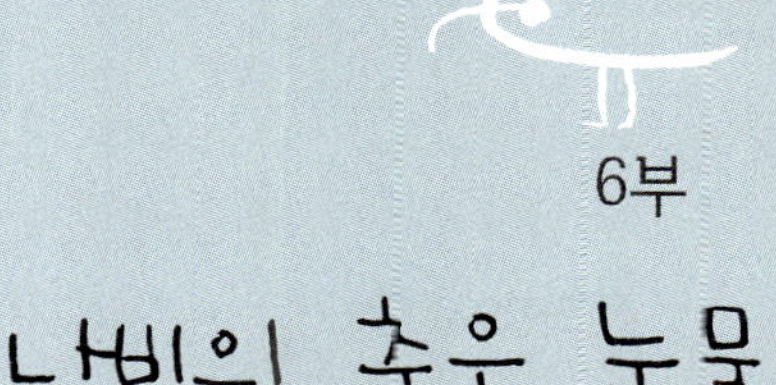

6부

나비의 춤은 눈물

별이 되고 싶은 십자가

문산 오일장 가는 여우고개티
둔갑장신하여 빨간 입술연지 바르고 사라진
여우 없는 고개를 단숨에 넘으면
흥겨워 들뜬 장터에 장군들 꾸역꾸역
장타령꾼 가위로 십자가를 잘근잘근 자른다
가위 날 세우는 숫돌에
고름처럼 흐르는 흥타령에 장꾼을 모아
한손 높이 들어 십자가를 그리고 자르고
또 한손 높이 들어 십자가를 만들고 자르고
타령꾼의 얼굴은 주름으로 굳어진 세월을 바르고
십자가를 자른 날로 엿이 토막난다
벙시레 우는 입가에 침 튀긴 엿물 흐른다
십자가 자른 쇳물이 뜨겁고 떫다
하루가 싹둑싹둑 웃음이 잘리며 불꽃 튄다
불꽃 자른 빛들이 별이 되지 못해 시든다

멋모르고 히죽대는 아낙들 얼굴이 평화롭거늘
문산 오일장에 가면 십자가를 잘근잘근 자르는
장돌뱅이 각설이가 있다

뱃사공 가라사대

사랑은
너와 나를 묶은 채 배를 띄워
강 하구에서 모천으로 거슬러 올라가는
노 젓기래
팔뚝에 힘이 빠지면서
너와 나를 묶은 밧줄이 헐거워지면서
쪽배는 물살에 겨워 뒤뚱거려지는 거래
날씨 좋은 날은 콧노래 흥겹다가
폭우라도 만나면 그만 표류하고 마는 거래
뱃사공이 넌지시 건네는 말
힘들어도 노를 놓치지 말고
정말 힘겹거든 강물에 뛰어들 자신이 없거들랑
노 젓지 말래
강 하구에 난파선에서 표류된 사랑
여럿 보았다는 뱃사공 이야기는 전설이 아니래

어쩌다 모천으로 거슬러 올라온 연어는
사랑의 추억을 한 아름 쏟아놓고는…

바닷물 다녀갔다

자는 둥, 마는 둥
바다를 꿈꿨다
파도의 완전범죄 현장
쉿, 쉿 모래톱 쓸지만
이마에 바다 스쳐간
주름 남겼다

바다가 푸른 것은

하도 물어 뜯겨 멍든 가슴이
바다에 뛰어든 상처라네
독도 미륵바위 앞 멍울 지우려
숫돌바위가 거품 물고 울며
촛불바위 촛농은 권총바위로 우뚝 서
독립문바위 앞 수문장 되었네
바다가 푸른 것은
날마다 순교자가 흘린 핏빛이라네

땅거미와 떡갈나무

땅거미 굴 앞
햇살 한 줌 쉬는데
햇살 비켜선 떡갈나무
이웃끼리 오고 가는 이야기
"너는 왜 하늘 높이 키가 자라지 않니"
"나는 나만큼만 자랄 거야"
"나의 하늘은 누구보다 높지"
"너는 왜 좁은 굴 속에만 살고 있니"
"나도 나만큼한 굴 속이 따듯해"
"나의 세상도 누구보다 넓지"
이야기 엿들은 햇살
슬그머니 자리 뜬다

하, 하늘

하, 하
하라버지 웃음엣소리
하, 하
하얀 구름위로 숨바꼭질하는
하늘, 하늘
하늘나리 붉은 꽃봉자리
하, 하, 옥수수 잡수시며
하모니카 부는 할아버지
하, 하, 하
하

할미꽃

몰래 피었다 지는 꽃
고개 떨군 당신
고운 자태 보여 향내 뿌리면
범나비 덤빌까 두려워
허리 굽혀 숨어 핀 꽃
초봄에 온다는 임 마중 나와
언덕 위에 맨 먼저 핀 꽃
수줍어 속 얼굴이 빨개진
기다림의 꽃

1월, 소녀의 기도

태백눈꽃열차가 어웅한 동굴 털어 내면서
속삭이는 소녀의 기도
정동진 아침햇살이 바다에 드리운 길
늦잠에서 벌떡 일어선 키 큰 해송이 흘리는 눈물자국
벌거벗고 서 있는 외로운 사내는 칼을 높이 들고
세월을 한 방울 피도 흘리지 않게 베겠지
너 하나만을 위한다며 선서하는 약속의 숫자
결코 깨어지게 되는
그 하나를 얻으려 눈꽃열차는 열두 고개 넘으려 숨이 차다
달리기선수가 하나로 그어진 출발선상에서
출발의 총성이 울린다
달리자, 달려라
하나라는 숫자는 무릎 꿇고 기도하는 소녀의 모아진 손

3월, 자태 곱다

3월
화석정 앞 적벽 분분하더니
쇠기러기떼 그림자 부딪친 적벽
핏빛으로 음각된 벽화 석양빛에 곱다
3 3 3자 그리며 떠나는 기러기 자음소리
울음소리
웃음소리
쇠기러기 임진나룻목에 동안거하던
나룻배 한 척 깨워 물결 일어 출렁이는데
3 3 3자를 그리며 김포하구로 떠난 돛배
황복어떼 봄편지 몰고 온다
웃느라 입 찢어진 노 젓는 어부의 눈썹
3 3 3자 그려지는 자태 곱다

8월, 허리

시골집지붕 넝쿨에 매달린 조롱, 조롱박
매미안경너머 흘깃흘깃 훔쳐보는
목욕하는 여인네 허리, 짤록한 허리
달리는 자전거 바퀴, 앞뒤바퀴
호수공원 커플자전거에 허리 꼭 껴안고
달리는 자전거 바퀴, 앞뒤바퀴
뜨거운 대지에서 땀방울 등에 지고
개미처럼 일하는 사람에게 다가서는 바람
바람과 땀이 입술 비비며 사랑하는 것이
얼마나 아름다운 것이랴

9월, 기도

들판에 허리 굽은 바람 걷고 있다
가을걷이에 바빠
하늘을 한 모금도 마시지 못한 농부의 계절
떡갈나무 숲, 도토리 줍는 다람쥐다
빈 들판에서 기도하는 바람이다
그리고
땅속 깊이 꿈꾸는 번데기를 위한
대문을 잠그는 자물쇠청이다

10월, 해와 열매

으　수평선 베고 자다 늦잠에서 일어나
　　얼굴 붉히며 홑이불 벗어던지고 뛴다

이　산밤나무에 다람쥐가 외톨밤 굴리고

1　모든 것 보내고 외톨박이로 봄까지 서서

ㅡ　뛰다 구르다 엄마의 품속에서 잠든 햇덧
○　두꺼운 솜이불 덮두들기다

11월, 경의선 철길

도라산역 지나 개성역까지 공사 중인 철길이다
동짓달 한풍을 가슴에 품고 해소병 앓는 김영감이
툇마루에 나란히 벗어놓은 하얀 고무신 한 켤레다
아무리 덩치 크고 힘센 동물인들 먹어치우는
세상에서 어떤 무기보다 무서운 것은
밥상위에 가지런히 놓인 젓가락이다
나란히 걷다 걸쳐지면
설악산 붉게 물든 나뭇잎 잘라내어
바람에게 주어버리고 키 작아 숨어 있는
들국화꽃잎 잘라내어 묻어준다
그리고 아무렇지 않았다는 듯
나란히 걷고 있는…

세상에서제일길고먼철길은

서울역에서꼬오옥꼭다녀오리라손짓한지어언지간반세상지나도록 종착역에도착하지못한경의선이니라.지금어디쯤달리고있을까생각하니,세상에서가장긴어웅한동굴속에서숨쉬는기차는 반세상어둠으로눈자라기가되어길잃은게아니라길고긴철길탓이리라 세상에서 제일멀고긴철길과동굴은 우리나라에 있나니라

나비의 춤은 눈물

풀 먹인 모시적삼 말리는 호랑나비
아침 햇살 걸머지고
사푼사푼 춤추더니
하늘공원 꽃무릇 만나
하롱하롱 춤추다
홀로 날다 짝 만나면
덩실덩실 춤춘다
어스름 허기진 저녁 춤은
팔랑팔랑 하루를 털며
꽃마다 꽃등 달고 꼭 잠긴 문
두드려도 대답 없는
설움 눈물 숨겨
흐늘흐늘 사위는 나비춤은
눈물이다

4각의 사과

4각의사과 4각의사과 4각의사과 4각의사과 4각
각   의
의　　4각의 도마에서 벗겨진 붉은 껍질　　사
사　　4각의 성서에서 죄악의 누명 쓰고　　과
과　　4각의 사진틀 속 동그란 얼굴 웃고　　4
4　　4각의 빌딩 속에서 즐거운 사라가　　각
각　　붉은 배암의 허물처럼 옷을 벗는다　　의
의　　갈릴레오 마지막 진술처럼 그래도　　4
사　　4과가 씹히는 소리 4각4각 외친다　　각
과　　4과는 둥글지 않고 거세된 사각형　　의
4   사
사과 4각의사과 4각의사과 4각의 사과 4각의사과

꽃
나무
스스로 벌거벗고
엄동설한 채찍 맞은 자국
피멍든 자리에 꽃 피었음이랴
꽃술 내밀어 입맞춘 나비의
유혹에 취해서 하늘하늘
스스로 질 줄 알기에
꽃 피고 지는
것이랴
바
람
피
워
가
출
했
던
핌· 짐· 꽃· 짐· 핌

詩의 社會性 혹은 逆說의 函數

金松培

시인 | 한국문인협회 시분과 회장

1. 한 '詩翁'의 觀照的 언어

현대시의 구도는 대체로 시인의 삶의 궤적軌跡에서 재생하는 이미지가 주축을 이루면서 현실과의 대칭적 의미구조를 형성하는 것이 보편적인 시법으로 나타나고 있다. 그러나 매슈 아놀드의 언지言旨대로 시는 인생의 비평이라는 기능을 살린다면 현실적 갈등과 고뇌에 대한 비평도 포함해야 한다는 것이 통설通說이다.

우리 시인들이 자아自我의 반추反芻로 자신만의 인식세계에 몰입하여 성찰하고 나아가서는 존재의 문제까지 해법을 찾는 어쩌면 인본주의의 성취를 구가謳歌하는 평범성을 배제하고 시의 사회성을 주제로 설정하는 경우를 자주 대할 수 있다는 점을 간과看過할 수 없을 것이다.

여기 장종국 시인이 상재하는 제5시집 ≪날마다 허물고 짓는 집≫을 일별하면서 우선 시의 사회성이라는 명제를 떠올리는 것은 그가 소재와 주제 또는 시법의 구도에서 언어에 이르기까지 좀 특이한 현상을 주목하게 된다는 점이다.

그것이 설령 개인의 취향이나 개성과 상관성이 있다고 하더라도 보편적인 서정적 화법을 일탈逸脫하고 그가 간직한 특유의 어법으로 작품을 구조적으로 형상화하고 있어서 일상개념의 작품들보다 새로운 정감을 맛보게 하는 장종국 시인만의 특성을 엿볼 수 있다.

우선 그는 시적 상황 설정을 그가 거주하고 있는 파주를 중심으로 '임진나루터'와 '초평도', '도라산', '경의선', '화석정', '곡산역', '문산 오일장' 등 주변의 정황에서 취택된 소재를 등장시켜서 사회적인 담론을 창출하는 특징도 있다.

그가 '머리말'에서 이미 언급한 바와 같이 "임진강변에 두꺼비집 짓고 산 지 어언지간 삼십 년 되었다. 지금은 전설처럼 이야기로 남 아있는 나룻배는 없고 임진나루터 좌망실에서 시어를 조탁하며 야옹으로 촌음을 불살라 살고 있"는 그의 정서나 사유思惟의 지향점은 그의 연륜과 더불어 사물과 현실에 대한 관조적 언어의 조율이라는 단정이 덧붙여진다.

아우가 중국에서 구입해다 준 짝퉁만년필 몇 년째 긁고 있다
이름이 멋스런 프랑스문자 새겨진 금장 띠 두른 검정몽블랑만년필
뚜껑이 낡아 도색이 벗겨져 눈 녹은 알프스 산정을 닮았다
그 놈의 동맥에서 검은 피가 흐른다
검정도둑고양이 눈동자처럼 밤 사냥을 즐기는 야행성이며
여백의 일기장에 검은 피로 발톱을 세워 긁적이며 상처를 낸다
날카롭게 세운 발톱이 무서워 떨던 빛바랜 종이마저 이젠 겁이 없다
잉크를 채우는 고무튜브는 동맥경화증에 시달려 흐물흐물 거리고
금촉은 오래 신은 신발 뒤축 닮아 삐딱하게 누웠다
검은 핏자국의 족적은 굵어졌다 가늘어졌다 野翁의 요로를 닮았다
갯벌지렁이처럼 꿈길 만들고 밤바다 찾은 별똥별과 야담을 즐기며
뭉뚝한 촉수는 게으른 詩翁의 시에 바퀴를 달아주고 길을 남긴다
늦바람처럼 찾아오는 잠의 무르팍을 꼬집어 주기도 하며
밤마다 동맥으로 뿜어내는 검은 피의 잘못된 흐름을 지우느라
詩翁의 쓰레기통은 늘 풍만하다
만년필촉이 뭉뚝해진 것만큼 시는 길어지고
길어진 만큼 생은 짧아졌다

장종국 시인은 작품 <궤적軌跡>에서 보는 바와 같이 스스로를 '詩翁' 또는 '野翁'으로 지칭하고 있다. 이처럼 '시옹'이 관조하는 중심축에는 '만년필촉이 뭉뚝해진 것만큼 시는 길어지고/ 길어진 만큼 생은 짧아졌다'는 결론을 도출하고 있어서 우리들 공감의 영역은 확산되고 있다.

이것이 그의 인생에 대한 '궤적'이다. 그러나 한 '시옹'이 정립한 가치관에 도달하기까지는 '밤마다 동맥으로 뿜어내는 검은 피의 잘못된 흐름을 지우느라' 그의 '쓰레기통은 늘 풍만하다'는 어조語調는 그의 성숙된 연륜과 무관하지 않음을 이해하게 된다.

그의 일상은 시를 쓰는 일이다. 그는 '뒤틀거리는 발걸음으로 시를 쓰(<뒤틀거리며 시를 쓰네> 중에서)'지만 간혹 '찢긴 통로에 홀씨로 떠돌던 사랑의 시어가/ 맨드라미 홀씨로 우르르 숨(<시인이 찢는 것은> 중에서)' 기도하고 '나의 원고지에 시어가 되지 못한 낱말 몇 자 적혀 있고/ 나머지 팔할은 빈 공란인데 으뜸글, 초장, 중장, 종장이/ 되기도 하고, 빈 공간에 시가 채워지지 않으면 휴지가 될/ 확률이 높은 원고지가 수북하게 어질러 있(<나의 안전거리에는 빈 의자 놓여 있다> 중에서)' 기도한다.

고단한 삶의 편린을 유서로, 낙엽에 쓰고 있는데
청둥오리 한 무리가 강에 몸을 던진다
기절했던 강이 놀라 빗살무늬 그리고
나의 유서는 고쳐 쓴 시의 구겨진 원고지처럼
강물에 던져진다

이 작품 <고쳐 쓴 시의 원고지처럼> 일부에서와 같이 그는 '고단한 삶의 편린'을 관조적 언어로 '유서'처럼 시를 쓰고 있다. 그러나 그 '유서'는 '고쳐 쓴 시의 구겨진 원고'일 뿐이다.

장종국 시인의 내면정서가 가득 풍기는 시와 인생의 함수관계를 명징明澄하게 적시하고 있다. 이것이 그가 관망하면서 분출하는 만년晩年의 시심이며 향기라고 할 수 있다.

2. '坐忘室'의 자화상과 진실

장종국 시인이 기거하는 방이 '좌망실'이다. 그는 '좌망실은 시인의 풍차가 쉬고 있는 방이라네(<라만차풍차와 똑딱이> 중에서)'라고 그의 '좌망실'을 일러주고 있다. 그는 이 '좌망실'에서 시를 쓰고 시를 찢는 일을 반복한다. 그것이 그가 인생을 살고 인생을 잊어가는 유일한 공간이다.

여기에서 그는 사유의 벌판을 유영하면서 자아를 재발견하고 존재의 의미를 탐색한다. '좌망실똑때기' 소리를 들으면서 세상을 풍자하고 사랑을 간구하면서 자화상을 그려나간다.

가물더위에 수국을 감싸고 있는 화분의 흙은
판독하지 못한 고분의 상형문자로 굳어 있고

빼앗긴 잠, 버스럭거리며 하늘만 쳐다보는
나, 메마르기 마찬가지네
이때,
먼발치 마을회관 앞 누워있는 가로등 불빛
기웃거리는 유리창에 청개구리가 퍼덕이네
창밖, 포도나무 잎사귀끼리 막춤 추고
빗소리가 유리창을 깨뜨리는 소리
벼락이 더위 먹은 구름을 야단치고 있는 소리
놀란 개들이 허공보고 짖어대는 소리
빈 장독의 공명음 콩 튀는 소리, 마당을 점령하네
유리창이 깨지며 구원을 청하는 소리에 멍해진 나,
이대로
들판에 뛰어나가 흠뻑 젖은 수양버들로 서 있다
빗물이 가슴팍을 적시면 나그네 새 되어
날개가 지칠 때까지 강물과 함께 떠내려가야지

—<빗소리가 유리창을 깨뜨리고> 전문

그는 잡다한 세상살이에서 '유리창이 깨지며 구원을 청하는 소리에 멍해진' 채 '들판에 뛰어나가 흠뻑 젖은 수양버들로 서 있는' 자신을 발견하게 된다. 이렇게 그려나가는 자화상의 내면에는 그가 순응하고 수용하는 순리順理의 미학이 잠재되어 있다.

그것은 '빗물이 가슴팍을 적시면 나그네 새 되어/ 날개가 지칠 때까지 강물과 함께 떠내려가야지'라는 어조에서 그의 관조의식이 확연하게 표징되고 있어서 그가 여망하는 정서의 흐름을 이해할 수 있게 된다.

그는 다시 '비움'의 가치관을 실현하기 위해서 더욱 세밀한 자화상을 구현하는 의식의 전환이 엿보이는데 그것은 아마도 그에게 내재된 진실이 승화하는 여과장치기도 하다. 다음과 같이 현현되고 있다.

가쁜 숨 내쉬는데
숲속에서 까르르 웃는 소리
붉은 새떼 인기척에 놀라
날갯소리 푸드덕푸드덕 낙엽 헤집는다
새들이, 나를
등에 태워 비워둔 하늘로 날고 있다
산 아래 마을이 점점 점으로 보인다
헤아릴 수 없이 부스러지는 날개소리
감악산 품속 포근하다

—<붉은 숲이 익어 술이 되었어라> 중에서

강물은 흐르는 게 아니라
비어 있기에 채워지는 것

비어 있는 것만큼 채워지기에
흐르는 것뿐이라
바다가 출렁이는 것은
늘 비어 있기 때문이라
세월 또한 비어 있기에
흐르는 것이라
나의 마음은 늘 비어 있기에
사랑을 기다림이라

—<강은 늘 비어 있기에> 전문

장종국 시인은 이처럼 '새들이, 나를/ 등에 태워 비워둔 하늘로 날고 있다' 혹은 '나의 마음은 늘 비어 있기에/ 사랑을 기다림이라'라는 공허空虛의식에의 경도傾倒는 그가 철학으로 승화한 시적 진실이다.

일찍이 P.B. 셸리가 말한 바와 같이 시는 시인의 최상의 마음에서 가장 훌륭하고 행복한 순간의 기록이며 그것이 영원한 진리로 표현된 인생의 의미라는 논지를 빌리지 않더라도 그가 '영원한 진리'로 정립하는 '비움'의 미덕은 형이상적形而上的인 최상의 인식에 그 근원을 두고 있으며 그가 형상화하려는 시적 원류로 침잠沈潛해 있음을 알 수 있다.

그는 오늘도 '좌망실'에 홀로 앉아서 무엇을 잊을 것인가,

또 무엇을 찾을 것인가를 연구하고 있다. 더러는 '술 한 잔에 시 한 수 읊고 웃고 나면 기분 좋아지고/ 건강에 좋고 세상에 모든 것을 사랑하게(<酒色감별사> 중에서)' 되거나 '앞으로 살아갈 남은 날에도 원수를 사랑하라는/ 성경 말 아니어도/ 샛강이 흐르다 만든 모래섬 다독거려/ 한번도 핀 적 없는 달맞이꽃씨 부려 볼(<이 웬쑤야> 중에서)' 시상으로 자화상을 마무리하고 있는 것이다.

3. '치유 불능'의 사회상 鳥瞰

이러한 와중渦中에서도 장종국 시인은 예리한 감성과 투철한 자의식으로 이 사회를 비판하고 있다. 앞에서 언급한 시의 사회성에 대한 실천이다. 그의 지적 혜안慧眼에는 '치유 불능'의 '찢긴' 산야가 있고 '혀 차는 경로석'과 '진열장 속 각인된 유리웃음'과 '철거민의 목숨 건 절규'와 '노점상 할머니의 귀뿌리'를 투영하고 있다.

이러한 시의 사회성은 고립된 상태에서 살아갈 수 없는 인간들의 교류에 대한 불확실성이나 모순을 비판하려는 시인들의 욕구에서 출발한다. 또한 시는 의식적이든 무의식적이든 간에 사회의 현실을 직시하는 시인의 지적사유에서 주제를 도출하게 되고 불합리나 오류를 정정訂正하려는 시인의 정신을 반영하게 된다.

그의 시야에는 모두가 찢겨져 있고 모두가 삐딱하게 서 있다. '찢긴 강물은 치유 가능 꽃 피고/ 찢긴 하늘로 사라진 기러기 꿈을 펼치고/ 찢긴 땅과 산은 치유 불능(<찢긴 상처는 아무는가> 중에서)'이며 '가슴을 찢은 말 상처 남기고/ 마음을 찢은 말 아픔 남기네(<가슴을 찢는 말> 중에서)'로 현실적 사회상에 대한 질타叱咤가 이어진다.

그리고 '삼천리 절반 일천오백 리에 철심을 심고/ 삐딱한 반도에/ 삐딱한 탓만 난무하고 있지(<삐딱한 것이 어디 한 둘이랴> 중에서)'라거나 '괴물처럼 삐딱하게 서 있는 가로등이 밝아지며/ 초록의 나무로 보이며 따뜻한 체온이 감염된다(<고장나 녹슨 가로등이 서 있는 이유> 중에서)'는 어조로 사회적 갈등구조의 해법을 모색하고 있다.

무에 그리 바쁜가 등 돌린 사람아
서울역 지하도 에스카레이타에 등만 두둥실 떠돌고
무에 그리 바쁜가 지하열차 타는데 등 떠미는 사람아
어디서 봄직한 燈 불 꺼진 등 뒤에서
귓불에 스치는 한풍 동전 한 닢 주이소
서울역 지하도엔 불 꺼진 燈 등 만 보이네

—<동전 한 닢 주이소>중에서

얼굴 가린 길 끝없이 뻗어 있고
얼굴 감춘 길 한없이 줄 서 있다
황토색 얼굴 부끄럽다고
검은 색 얼굴로 뒤집어쓰고
저지른 죄 하도 많아 덮어씌웠나
부끄러운 짓 숨기려 덮어씌웠나
비오면 찔꺽거리며 붙잡는 발걸음
흙먼지 무서워 검정가면 씌웠나
부끄럽게 지은 죄 털털 털며 되는 일
무슨 죄 무서워 먼지마저 숨기려나
검은 길에서 흘리는 눈물 어둠에 감추고
고단한 삶 쉴 곳 없고 외로운 자 벗이 없다
덥고 가린 비정한 포장도로 어디가 끝인가
우걱지걱 걷는 누렁 소 워낭소리 그립다

—<포장도로> 전문

그렇다. 그는 '서울역 지하도'의 풍경에서 비감悲感의 현실을 형상화하고 '저지른 죄'와 '부끄러운 짓'을 가리거나 덮어씌운 '포장도로'에서 비정非情의 현장을 고발하고 있다. 그러나 '동전 한 닢'으로 '가슴과 등이 따뜻하게 덥혀지'기를 기원하고 있으며 '고단한 삶 쉴 곳 없고 외로운 자 벗이 없'는 매정한 사회에서 '우걱지걱 걷는 누렁소 워낭소리'를 그리워

하면서 그 해법을 탐색하고 있다.

이처럼 모순된 현실감각이 그의 내면에 침잠된 시인의 정서와 충돌하면 그 갈등과 고뇌는 시적인 진실을 그에게 강요할 수밖에 없었을 것이다. 어쩌면 시인도 일반 사회인으로서의 공통된 삶을 영위해야 하는 실재實在상황에서 이러한 소재가 그의 예민한 상상력과 창의력에 의해서 능동성으로 전환하면서 비평적인 주제를 창출하려는 그의 감응에서 발현된 다양한 메시지라고 할 수 있다.

현대시는 일상생활의 정서생활과 시적 소재 사이에는 차이가 없다는 I.A. 리처드의 말을 절대 수긍한다면 시인들이 현실적 사회상을 조감하는 일은 당연한 생활의 언어적 표현이라고 할 수 있다.

장종국 시인이 이러한 비판적혹은 비평적 언술로 작품을 형상화하는 것도 일종의 체감體感에서 획득한 자아이거나 존재의 의미를 탐구하는데 궁극적窮極的인 지표를 설정하였다는 전제가 가능해진다. 왜냐하면, 그가 다섯 권의 시집을 탄생시키기까지 오랜 시간을 통해서 인식하고 성찰하면서 접목된 현실적 모순과 갈등에 대한 조화가 어떤 것인지를 이미 감지하고 있기 때문이다.

그가 현실적인 문제뿐만 아니라, 일반 사물에서도 동류의 시적 발상을 하고 있다는 점은 우리들을 공감의 장으로 흡인吸引하는 마력을 가지고 있음을 이해할 수 있으리라. 다음 작품 <기러기는 나무에 둥지 틀지 않는다> 전문에서 그의 심연深淵을 확인할 수 있다.

임진강갯벌 선회하며 부르는 난해한 창가
초평도 산정을 맴돌다 굿거리장단에 춤추는
음표들이 낙하하며 지문을 음각한다
긴 남행으로 허기진 날개 벼까락으로 채우고
잊지 못할 설원의 꿈 임진강변에 아로새긴다
어미나무로부터 수유를 거부당하고
표류중인 갈참나무 낙엽들과 수인사하며
별시계나침판을 판독하며 날던 여행담으로
갈대숲 분분하다
기러기는 갈대숲에서 난해한 음표로 기행문 쓰며
다시 떠날 채비 하느라 나무에 둥지 틀지 않는다

4. 역설적 구도와 풍자의 미학

장종국 시인은 작품 전체를 역설paradox적인 구도로 형성하는 특이한 점을 대하게 된다. 작품 소재나 언어의 조합에서 또는 이미지의 투영에서 일반적인 믿음을 뒤집는 실험정신이 강하게 부각되고 있다.

이러한 구도는 얼른 보기에는 보편적인 시법과 모순된 것 같으나 실제로 그 내면에는 상당한 진리를 포괄하고 있어서 현대시 창작의 중요한 기교로 자리 잡기도 한다. 가령 그가 '언어가 많은 인간은 날지 못하고 제자리에서/ '꽥' '꽥' 언어를 먹고 마시고 토한다(<'꽥'> 중에서)'는 역설이 주는 교시적教示的 메시지는 현대를 살아가는 인간들에게 하나의 경종을 제시하고 있다.

3이 때로는 술잔을 던진다
무수한 파편이 별이 되어 너울 일으킨다
추억이 음각된 술잔 속에서
여인 3이 싸운다
너울이 때로는 꿈을 부수지러
빰을 때린다
3이 때로는 술잔을 사위어 마시고
3이 때로는 흐느끼며 술잔에 빠진다
3은 떠도는 노숙자 차림의 강물 된다

이 작품 <마음· 3>의 구도는 어쩌면 이상李箱 시인의 <烏瞰圖> 중에서 '詩第一號'를 보는 것과 같은 착각이 따른다. '十三人의兒孩'와 '여인 3'의 유사성과 동질의 어법은 그의 심저心底에서 활화산으로 분출한 일종의 절규이며 그것을 자탄自嘆하는 현실적 폭로라고 할 수 있다.

그는 사회적 모순이나 부조리 등을 꼬집는 풍자satire적 기법에도 능숙하다. 약간의 비판적 또는 부정적 요소가 가미되지만, 날카롭고 노골적이어서 때로는 독설毒舌에 가까울 정도로 비약하는 특징이 있다.

그러나 거기에는 암담한 시대상이 다양한 비유와 상징을 통해서 현실 분석과 비평이 교감함으로써 시적 효과를 상승시키고 독자의 감동을 유로流露하는 묘미도 살려 나간다. 다음 작품 <땅거미와 떡갈나무> 전문에서 확인할 수 이다.

땅거미 굴 앞
햇살 한 줌 쉬는데
햇살 비켜선 떡갈나무
이웃끼리 오고 가는 이야기
"너는 왜 하늘 높이 키가 자라지 않니"
"나는 나만큼만 자랄 거야"
"나의 하늘은 누구보다 높지"
"너는 왜 좁은 굴 속에만 살고 있니"
"나도 나만큼한 굴 속이 따듯해"
"나의 세상도 누구보다 넓지"
이야기 엿들은 햇살

슬그머니 자리 뜬다
이야기 엿들은 햇살
슬그머니 자리 뜬다

장종국 시인은 다시 이상의 <오감도> '시제4호' '환자의용태에관한문제'처럼 도식圖式을 시로 현현하는 작품도 읽을 수 있는데 <4각의사과>에서 그의 실험을 이해할 수 있다.

4각의사과 4각의사과 4각의사과 4각의사과 4각
각 의
의 4각의 도마에서 벗겨진 붉은 껍질 사
사 4각의 성서에서 죄악의 누명 쓰고 과
과 4각의 사진틀 속 동그란 얼굴 웃고 4
4 4각의 빌딩 속에서 즐거운 사라가 각
각 붉은 배암의 허물처럼 옷을 벗는다 의
의 갈릴레오 마지막 진술처럼 그래도 4
사 4과가 씹히는 소리 4각4각 외친다 각
과 4과는 둥글지 않고 거세된 사각형 의
4 사
사과 4각의사과 4각의사과 4각의 사과 4각의사과

이처럼 그가 시도하는 실험정신은 아이러니irony나 패러디

parody에 근접하지만 이 또한 풍자적인 의도가 내재되어 있다. 이러한 작품들의 특성은 내면계와 외계 혹은 현실과 외관外觀의 대조로 비개성적이지만, 순진하게 자신을 폭로하는 기능도 함축하고 있다.

이러한 다양성 추구를 선보인 장종국 시인은 이 시집을 통해서 그 자신만이 구가할 수 있는 좀 특수한 어법과 화법을 통해서 진실을 탐색한다는 점에 시선을 집중시키고 있다. 이는 20세기 초두에 형성된 모더니즘을 초월하여 '인간의 상상에 자유를 주어야 한다'는 초현실주의surrealisme의 경향과 흡사하다는 것을 묵과默過할 수 없을 것이다.

아무튼 장종국 시인이 오랜만에 침묵을 털고 새로운 경향의 독자적獨自的인 작품 세계를 구축하는 것은 현대시사에서 창의적인 노력으로 기록되지 않을까 싶다. 그의 인품과 열성에서 감지할 수 있듯이 만년의 '詩翁'으로 임진나루터 '坐忘室'에서 관조의 미학을 근원으로 한 새로운 실험에 몰드하고 있을 것이다.

그것이 그의 인생자아이며 시적 진실의 창조를 위한 필연의 운명긍정이며 이러한 대명제의 해법을 찾는 자적自適이며 미래지향의 영혼을 위한 성찰인지도 모른다.

장종국 시집
날마다 허물고 짓는 집

2009년 5월 25일 초판 인쇄
2009년 5월 30일 초판 발행

지은이 장종국 | 펴낸이 김은영 | 펴낸곳 북 나비
출판신고 2007년 11월 19일 제380-2007-00056호
주소 142-868 서울시 강북구 번일동 462-112번지 1층
전화팩스 (02)903-7404
이메일 booknavi@hanmail.net
출력 모노 | 인쇄 이산문화사 | 새인북스

ISBN 978-89-993682-06-9 03810
값 8,000원

※ 잘못된 책은 바꿔 드립니다.